中华经典海读 《百家姓》学本

百家姓

嗨起来

罗义蘋
玄老汉 著

北方联合出版传媒（集团）股份有限公司

万卷出版公司

编 委

《百家姓》谱

zhào qián sūn lǐ　　zhōu wú zhèng wáng　　féng chén chǔ wèi　　jiǎng shěn hán yáng
赵　钱　孙　李　　周　吴　郑　王　　冯　陈　褚　卫　　蒋　沈　韩　杨

zhū qín yóu xǔ　　hé lǚ shī zhāng　　kǒng cáo yán huà　　jīn wèi táo jiāng
朱　秦　尤　许　　何　吕　施　张　　孔　曹　严　华　　金　魏　陶　姜

qī xiè zōu yù　　bǎi shuǐ dòu zhāng　　yún sū pān gě　　xī fàn péng láng
戚　谢　邹　喻　　柏　水　窦　章　　云　苏　潘　葛　　奚　范　彭　郎

lǔ wéi chāng mǎ　　miáo fèng huā fāng　　yú rén yuán liǔ　　fēng bào shǐ táng
鲁　韦　昌　马　　苗　凤　花　方　　俞　任　袁　柳　　酆　鲍　史　唐

fèi lián cén xuē　　léi hè ní tāng　　téng yīn luó bì　　hǎo wū ān cháng
费　廉　岑　薛　　雷　贺　倪　汤　　滕　殷　罗　毕　　郝　邬　安　常

yuè yú shí fù　　pí biàn qí kāng　　wǔ yú yuán bǔ　　gù mèng píng huáng
乐　于　时　傅　　皮　卞　齐　康　　伍　余　元　卜　　顾　孟　平　黄

hé mù xiāo yǐn　　yáo shào zhàn wāng　　qí máo yǔ dí　　mǐ bèi míng zāng
和　穆　萧　尹　　姚　邵　湛　汪　　祁　毛　禹　狄　　米　贝　明　臧

jì fú chéng dài　　tán sòng máo páng　　xióng jǐ shū qū　　xiàng zhù dǒng liáng
计　伏　成　戴　　谈　宋　茅　庞　　熊　纪　舒　屈　　项　祝　董　梁

dù	ruǎn	lán	mǐn		xí	jì	má	qiáng		jiǎ	lù	lóu	wēi		jiāng	tóng	yán	guō
杜	阮	蓝	闵		席	季	麻	强		贾	路	娄	危		江	童	颜	郭

méi shèng lín diāo　　zhōng xú qiū luò　　gāo xià cài tián　　fán hú líng huò
梅　盛　林　刁　　钟　徐　邱　骆　　高　夏　蔡　田　　樊　胡　凌　霍

yú wàn zhī kē　　zǎn guǎn lú mò　　jīng fáng qiú miào　　gǎn xiè yīng zōng
虞　万　支　柯　　昝　管　卢　莫　　经　房　裘　缪　　干　解　应　宗

dīng xuān féi dèng　　yù shàn háng hóng　　bāo zhū zuǒ shí　　cuī jí niǔ gōng
丁　宣　贲　邓　　郁　单　杭　洪　　包　诸　左　石　　崔　吉　钮　龚

chéng jī xíng huá　　péi lù róng wēng　　xún yáng yū huì　　zhēn qū jiā fēng
程　嵇　邢　滑　　裴　陆　荣　翁　　荀　羊　於　惠　　甄　曲　家　封

ruì yì chǔ jìn　　jí bǐng mí sōng　　jǐng duàn fù wū　　wū jiāo bā gōng
芮　羿　储　靳　　汲　邴　糜　松　　井　段　富　巫　　乌　焦　巴　弓

mù kuí shān gǔ　　chē hóu fú péng　　quán xī bān yǎng　　qiū zhòng yī gōng
牧　隗　山　谷　　车　侯　宓　蓬　　全　郗　班　仰　　秋　仲　伊　宫

níng qiú luán bào　　gān tǒu lì róng　　zǔ wǔ fú liú　　jǐng zhān shù lóng
宁　仇　栾　暴　　甘　钭　厉　戎　　祖　武　符　刘　　景　詹　束　龙

yè xìng sī sháo　　gào lí jì bó　　yìn sù bái huái　　pú tái cóng è
叶　幸　司　韶　　郜　黎　蓟　薄　　印　宿　白　怀　　蒲　台　从　鄂

suǒ xián jí lài　　zhuó lìn tú méng　　chí qiáo yīn yù　　xū nài cāng shuāng
索　咸　籍　赖　　卓　蔺　屠　蒙　　池　乔　阴　郁　　胥　能　苍　双

wén shēn dǎng zhái　　tán gòng láo páng　　jī shēn fú dǔ　　rǎn zǎi lì yōng
闻　莘　党　翟　　谭　贡　劳　逄　　姬　申　扶　堵　　冉　宰　郦　雍

xì qú sāng guì　　pú niú shòu tōng　　biān hù yān jì　　jiá pǔ shàng nóng
郤　璩　桑　桂　　濮　牛　寿　通　　边　扈　燕　冀　　郏　浦　尚　农

wēn bié zhuāng yàn	chái qú yán chōng	mù lián rú xí	huàn ài yú róng
温 别 庄 晏	柴 瞿 阎 充	慕 连 茹 习	宦 艾 鱼 容
xiàng gǔ yì shèn	gē liào yǔ zhōng	jì jū héng bù	dū gěng mǎn hóng
向 古 易 慎	戈 廖 庾 终	暨 居 衡 步	都 耿 满 弘
kuāng guó wén kòu	guǎng lù què dōng	ōu shū wò lì	yù yuè kuí lóng
匡 国 文 寇	广 禄 阙 东	欧 殳 沃 利	蔚 越 夔 隆
shī gǒng shè niè	cháo gōu áo róng	lěng zī xīn kàn	nuó jiǎn ráo kōng
师 巩 厍 聂	晁 勾 敖 融	冷 訾 辛 阚	那 简 饶 空
zēng wú shā niè	yǎng jū xū fēng	cháo guān kuǎi xiàng	zhā hòu jīng hóng
曾 毋 沙 乜	养 鞠 须 丰	巢 关 蒯 相	查 後 荆 红
yóu zhú quán lù	gě yì huán gōng	mò qí sī mǎ	shàng guān ōu yáng
游 竺 权 逯	盖 益 桓 公	万 俟 司 马	上 官 欧 阳
xià hóu zhū gě	wén rén dōng fāng	hè lián huáng fǔ	yù chí gōng yáng
夏 侯 诸 葛	闻 人 东 方	赫 连 皇 甫	尉 迟 公 羊
tán tái gōng yě	zōng zhèng pú yáng	chún yú chán yú	tài shū shēn tú
澹 台 公 冶	宗 正 濮 阳	淳 于 单 于	太 叔 申 屠
gōng sūn zhòng sūn	xuān yuán líng hú	zhōng lí yǔ wén	zhǎng sūn mù róng
公 孙 仲 孙	轩 辕 令 狐	钟 离 宇 文	长 孙 慕 容
xiān yú lú qiū	sī tú sī kōng	qí guān sī kòu	zhǎng dū zǐ jū
鲜 于 闾 丘	司 徒 司 空	亓 官 司 寇	仉 督 子 车
zhuān sūn duān mù	wū mǎ gōng xī	qī diāo yuè zhèng	rǎng sì gōng liáng
颛 孙 端 木	巫 马 公 西	漆 雕 乐 正	壤 驷 公 良
tuò bá jiā gǔ	zǎi fǔ gǔ liáng	jìn chǔ yán fǎ	rǔ yān tú qīn
拓 跋 夹 谷	宰 父 榖 梁	晋 楚 闫 法	汝 鄢 涂 钦

duàn gān bǎi lǐ	dōng guō nán mén	hū yán guī hǎi	yáng shé wēi shēng
段干百里	东郭南门	呼延归海	羊舌微生

yuè shuài gōu kàng	kuàng hòu yǒu qín	liáng qiū zuǒ qiū	dōng mén xī mén
岳帅缑亢	况后有琴	梁丘左丘	东门西门

shāng móu shé nài	bó shǎng nán gōng	mò hǎ qiáo dá	nián ài yáng tóng
商牟佘佴	伯赏南宫	墨哈谯笪	年爱阳佟

dì wǔ yán fú	bǎi jiā xìng zhōng
第五言福	百家姓终

注：加横线的为复姓

《百家姓》，嗨起来

　　《百家姓》，作者不详，从内容上看，当出现于宋初。旧时，这本书在学堂是作为识字教材使用的，是儿童必读的启蒙读本。

　　《百家姓》介绍了 508 个姓氏，全书四字一行，虽然押韵，但只是姓氏的罗列，毫无语境可言，孩子记诵起来没有乐趣、味同嚼蜡，不适合其天真活泼的个性。

　　《百家姓》作为中华优秀传统文化，如何将它传承下去，如何让孩子乐读，一直是我非常感兴趣的课题。恰逢玄老汉编写了《百家姓童谣 70 首》，他以童谣的形式，创造性地演绎了《百家姓》这本经典识字读本，在古老的《百家姓》和现代孩子之间架起了一座充满了童真、童趣的彩虹桥，把真诚、勤劳、友善、和谐、爱国的种子播撒在字里行间。

　　我很高兴与玄老师合作，共同编写了《百家姓嗨起来》这本经典海读识字读本，而且在原书的基础上增加了三个趣味栏目：词语火车开起来、姓氏成语串起来、名人故事讲起来。《百家姓嗨起来》不仅会让孩子们感受到背诵《百家姓》是一种乐趣，而且对孩子们的识字、书写、阅读兴趣和能力的培养都会产生一定的影响。

中华经典素读创始人陈琴老师吟诵了本书的"百家姓谱"。陈老师的加盟，使本书大放异彩。

愿《百家姓》尽情地嗨起来！愿真、善、美的种子在孩子们的心田生根、发芽，开出美丽的花……

罗义蘋

2017 年 1 月于成都

目 录

第三单元

第四单元

第五单元

第六单元

第七单元

zhào qián sūn lǐ yǎng zhī māo
赵钱孙李养只猫
zhōu wú zhèng wáng bǎ yú diào
周吴郑王把鱼钓

zhào qián sūn lǐ yǎng zhī māo
赵 钱 孙 李 养 只 猫,

zhōu wú zhèng wáng bǎ yú diào
周 吴 郑 王 把 鱼 钓。

diào tiáo dà yú āo yú tāng
钓 条 大 鱼 熬 鱼 汤,

yú tāng xiān měi xiāng mǎn táng
鱼 汤 鲜 美 香 满 堂。

táng qián de lǎo māo hěn rè qíng
堂 前 的 老 猫 很 热 情,

qǐng lái yì bāng lán jīng líng
请 来 一 帮 蓝 精 灵。

lán sè de jīng líng ài gàn huór
蓝 色 的 精 灵 爱 干 活 儿,

hē wán yú tāng bāng zhù lǎo māo zhāi píng guǒ
喝 完 鱼 汤 帮 助 老 猫 摘 苹 果……

词语火车开起来

鱼汤→熬鱼汤　喝鱼汤　鱼汤鲜美

精灵→蓝精灵　蓝色的精灵　精灵爱干活儿

姓氏成语串起来

赵→完璧（bì）归赵｜钱→一钱不值｜孙→公子王孙

李→张冠李戴｜周→众所周知｜郑→郑人买履（lǚ）

王→帝王将相

 ## 名人故事讲起来

赵：三国时期蜀汉名将赵云舍生取义救阿斗。

钱：现代作家钱钟书写了一部精彩的长篇小说《围城》。

孙：孙武是春秋时期军事家，著有军事著作《孙子兵法》。

李：李白是唐代伟大的浪漫主义诗人，被后人誉为"诗仙"。

周：少年时期的周恩来，为中华之崛起而读书。

吴：中国古典四大名著之一的《西游记》是吴承恩写的。

郑：郑成功收复了台湾。

王：王羲（xī）之是晋代书法家。

féng chén chǔ wèi qù cǎo chǎng
冯陈褚卫去草场
jiǎng shěn hán yáng fàng shān yáng
蒋沈韩杨放山羊

féng chén chǔ wèi qù cǎo chǎng
冯陈褚卫去草场，
jiǎng shěn hán yáng fàng shān yáng
蒋沈韩杨放山羊。
shān yáng nà tiān xià shān gāng
山羊那天下山冈，
bàn lù yù jiàn le xiǎo hé shang
半路遇见了小和尚。

xiǎo hé shang zì jǐ qù huà yuán
小和尚自己去化缘，
yù jiàn le tǔ fěi zài qiǎng qián
遇见了土匪在抢钱。
xiǎo hé shang jí de zhí jiào hǎn
小和尚急得直叫喊，
hǎn lái le shān yáng dǎ yáng quán
喊来了山羊打羊拳。
shān yáng de yáng quán kě bú yì bān
山羊的羊拳可不一般，
dǎ de tǔ fěi zhí wǎng dì fèngr lǐ miàn zuān
打得土匪直往地缝儿里面钻……

002

词语火车开起来

草场→去草场 广阔的草场 青青的草场
山羊→小山羊 山羊妈妈 山羊上山去吃草

姓氏成语串起来

陈→新陈代谢｜卫→精卫填海
蒋→蒋干盗〔dào〕书｜杨→杨柳依依

名人故事讲起来

冯：冯梦龙是明朝末期的小说家。

陈：陈胜是秦朝末期农民起义领袖。

褚：褚遂良是唐朝政治家、书法家。

卫：卫青是西汉时期著名的大将军。

蒋：蒋琬是蜀汉时期的大将军。

沈：中国著名作家沈从文写了小说《边城》。

韩：韩愈被尊为"唐宋八大家"之首。

杨：杨万里是南宋著名文学家、爱国诗人，曾写下著名
诗句："接天莲叶无穷碧，映日荷花别样红。"

朱秦尤许爬上房

何吕施张赏月亮

朱秦尤许爬上房,
何吕施张赏月亮。
月亮弯弯像小船,
渡过银河向远方。

船上有棵桂花树,
树上的夜莺在歌唱。
白兔当场就产生了俩梦想,
送给夜莺一枝玫瑰九块糖……

词语火车开起来

月亮→月亮弯弯　月亮弯弯像小船
桂花→桂花糕　桂花树　八月桂花香

姓氏成语串起来

朱→朱唇皓（hào）齿 | 秦→亡秦必楚 | 尤→天生尤物
许→以身许国 | 何→何足挂齿 | 吕→黄钟大吕
施→因材施教 | 张→虚张声势

名人故事讲起来

朱：朱元璋是明朝开国皇帝。

秦：秦观是北宋文学家、词人。

尤：尤袤（mào）是"南宋四大家"之一。

许：汉朝的许慎著有《说文解字》一书。

何：何香凝，广东省南海人，当代杰出女画家。

吕：吕布，东汉末年名将。

施：施耐庵（ān）写了小说《水浒传》。

张：张飞与刘备、关羽"桃园三结义"。

kǒng cáo yán huà shuǎ dà dāo
孔曹严华耍大刀
jīn wèi táo jiāng shè lǎo diāo
金魏陶姜射老雕

kǒng cáo yán huà shuǎ dà dāo
孔曹严华耍大刀，
jīn wèi táo jiāng shè lǎo diāo
金魏陶姜射老雕。
lǎo diāo lǎo diāo méi shè zháo
老雕老雕没射着，
fēi dào huā yuán zhǎo xiǎo niǎo
飞到花园找小鸟。

xiǎo niǎo yǒu shàn yòu měi lì
小鸟友善又美丽，
péi zhe lǎo diāo xià xiàng qí
陪着老雕下象棋。
xià qí shū yíng méi guān xi
下棋输赢没关系，
yú kuài de xīn qíng shá dōu méi fǎ bǐ
愉快的心情啥都没法比！
méi fǎ bǐ a méi fǎ bǐ
没法比啊没法比，
zhēn de méi fǎ bǐ a méi fǎ bǐ
真的没法比啊没法比！

 词语火车开起来

花园→美丽的花园　花园花儿香

象棋→中国象棋　下象棋　爷爷喜欢下象棋

 姓氏成语串起来

孔→孔孟之道｜曹→身在曹营心在汉

严→戒（jiè）备森严｜华→华山论剑

金→金榜（bǎng）题名｜魏→围魏救赵

陶→陶然自得｜姜→姜太公钓鱼，愿者上钩

 名人故事讲起来

孔：孔子是儒家学派创始人，大思想家、大教育家。

曹：曹雪芹是清代名著《红楼梦》的作者。

严：严复是清代启蒙思想家、翻译家。

华：华佗是东汉末年医学家，人们常以"华佗再世"形容医生医术高明。

金：金圣叹是明末清初著名的文学批评家。

魏：魏源是近代中国"睁眼看世界"的先行者之一。

陶：东晋诗人陶渊明写了著名的诗句："采菊东篱下，悠然见南山。"

姜：姜子牙辅佐周武王灭商，是齐国的始祖。

qī xiè zōu yù yíng chūn fēng
戚谢邹喻迎春风
bǎi shuǐ dòu zhāng qù tà qīng
柏水窦章去踏青

qī xiè zōu yù yíng chūn fēng
戚谢邹喻迎春风，

bǎi shuǐ dòu zhāng qù tà qīng
柏水窦章去踏青。

tà qīng yù jiàn le lǎo gǒu xióng
踏青遇见了老狗熊，

gǒu xióng zhèng zài kàn lǎo yīng
狗熊正在看老鹰。

lǎo yīng fēi xíng zài kōng zhōng
老鹰飞行在空中，

kàn jiàn tù zi wǎng xià chōng
看见兔子往下冲。

chōng dào dì miàn pū gè kōng
冲到地面扑个空，

tù zi sōu de yí xià zuān jìn le tù zi dòng
兔子嗖的一下钻进了兔子洞……

词语火车开起来

春风→春风拂面　桃李春风　忽如一夜春风来
踏青→拾翠踏青　春游踏青　踏青归来好心情

姓氏成语串起来

戚→皇亲国戚｜谢→谢天谢地｜喻→家喻户晓
柏→苍松翠柏｜水→上善若水｜窦→情窦初开
章→约法三章

名人故事讲起来

戚：戚继光是明代杰出的军事家、民族英雄。

谢：谢安是东晋时期著名的政治家。

邹：邹阳是西汉时期很有名望的文学家、散文家。

喻：喻皓是北宋初期建筑家，擅长建塔。

柏：柏始昌是汉朝著名大将。

水：水苏民是明代知名清官。

窦：五代时，窦燕山教育儿子很有方法，他教育的五个
　　儿子都很有成就，同时科举成名。

章：章邯（hán）是秦朝末年名将、军事家。

yún sū pān gě yāo tuǐ téng
云苏潘葛腰腿疼
xī fàn péng láng qǐng láng zhōng
奚范彭郎请郎中

yún sū pān gě yāo tuǐ téng
云苏潘葛腰腿疼，
xī fàn péng láng qǐng láng zhōng
奚范彭郎请郎中。
láng zhōng zhì bìng yǒu běn lǐng
郎中治病有本领，
lǐng zhe bìng rén qù tà qīng
领着病人去踏青。

tà le qīng tuǐ bù téng
踏了青，腿不疼，
tà le qīng yāo bú tòng
踏了青，腰不痛。
yāo bú tòng lái tuǐ bù téng
腰不痛来腿不疼，
qīng míng shí jié lái tà qīng
清明时节来踏青。
tà qīng jīng guò le yáng shù lín
踏青经过了杨树林，
shù shang de xǐ què kuā wán le tà qīng kuā láng zhōng
树上的喜鹊夸完了踏青夸郎中！

词语火车开起来

清明→清明时节　清明时节雨纷纷
树林→树林静悄悄　树林里的喜鹊喳喳叫

姓氏成语串起来

云→云开雾散｜苏→韩海苏潮｜葛→瓜葛相连
范→大家风范｜郎→郎才女貌

名人故事讲起来

云：云定兴是隋朝大将军。

苏：苏轼是北宋著名文学家、书法家、画家。

潘：潘安是西晋著名文学家。

葛：葛云飞是清朝道光武进士。为人刚毅勇敢，廉洁正
直。

奚：奚超是徽墨的创始人。

范：范仲淹是北宋著名文学家，曾写下"先天下之忧而
忧，后天下之乐而乐"的千古名句。

彭：彭德怀是中华人民共和国十大元帅之一。

郎：郎平曾是中国女子排球队著名的运动员。

lǔ wéi chāng mǎ guò duān wǔ
鲁韦昌马过端午
miáo fèng huā fāng guò duān yáng
苗凤花方过端阳

lǔ wéi chāng mǎ guò duān wǔ
鲁韦昌马过端午，
miáo fèng huā fāng guò duān yáng
苗凤花方过端阳。
zhèr duān yáng nàr duān wǔ
这儿端阳，那儿端午，
duān wǔ duān yáng chù chù xiāng
端午端阳处处香。

zòng zi xiāng xiāng chú fáng
粽子香，香厨房，
ài yè xiāng xiāng mǎn táng
艾叶香，香满堂。
táng qián de yàn zi fēi dào mì luó jiāng
堂前的燕子飞到汨罗江，
jiāng shang de lóng zhōu háo qíng gāo wàn zhàng
江上的龙舟豪情高万丈。
wàn zhàng háo qíng qíng yì cháng
万丈豪情情意长，
yíng jiē qū yuán huí gù xiāng
迎接屈原回故乡……

词语火车开起来

端午→端午节　端午节吃粽子　端午节赛龙舟

粽子→包粽子　吃粽子　粽子清香可口

姓氏成语串起来

鲁→登山小鲁｜昌→繁荣昌盛｜马→人仰马翻

苗→有根有苗｜韦→韦编三绝｜凤→龙飞凤舞

花→走马观花｜方→来日方长

名人故事讲起来

鲁：鲁班是春秋时期鲁国著名的建筑家。

韦：韦应物是唐代著名的田园诗人。

昌：昌海是明代高僧。

马：马三立是一位德艺双馨（xīn）的人民艺术家。

苗：苗汝（rǔ）霖是明代军事家。

凤：凤山是清朝时期的将军。

花：花木兰替父从军。

方：方叔是周宣王时期的大臣。

yú rén yuán liǔ zhé liǔ zhī
俞任袁柳折柳枝
fēng bào shǐ táng zuò liǔ shàor
鄷鲍史唐做柳哨儿

yú rén yuán liǔ zhé liǔ zhī
俞任袁柳折柳枝，
fēng bào shǐ táng zuò liǔ shàor
鄷鲍史唐做柳哨儿。
liǔ shào sòng gěi xiǎo huā māo
柳哨送给小花猫，
xiǎo māo chuī shàor zī zī jiào
小猫吹哨儿吱吱叫。

zī zī de jiào lái le máo mao chóng
吱吱地叫来了毛毛虫，
yì niǔ yì niǔ de zài rú dòng
一扭一扭的在蠕动。
rú dòng de máo mao chóng máo róng róng
蠕动的毛毛虫毛茸茸，
xiǎo niǎo kàn de zhí fā lèng
小鸟看得直发愣。
huí tóu zài kàn xiǎo huā māo
回头再看小花猫，
xiǎo māo jiǎ zhuāng shuì jiào bù kēng shēng
小猫假装睡觉不吭声……

词语火车开起来

柳哨→做柳哨儿　吹柳哨儿　柳哨儿吹得吱吱叫

毛毛虫→毛毛虫毛茸茸　毛毛虫在蠕动

姓氏成语串起来

柳→花红柳绿 ┃ 鲍→管鲍之交 ┃ 史→史无前例

名人故事讲起来

俞：俞大猷（yóu）是明代的抗倭名将，军事家、武术家、
　　诗人、民族英雄。

任：任长霞是中国警察界的先进人物。

袁：袁隆平是中国杂交水稻之父。

柳：柳宗元是唐宋八大家之一。

酆：酆云鹤是化学家、麻类纤维专家。

鲍：鲍叔牙辅佐齐桓公成为春秋时期的第一个霸主。

史：史可法是明朝末期抗清名将。

唐：唐伯虎是明代画家、文学家。

fèi lián cén xuē dǎ bīng qiú
费廉岑薛打冰球
léi hè ní tāng zài shǔ jiǔ
雷贺倪汤在数九

fèi lián cén xuē dǎ bīng qiú
费廉岑薛打冰球，
léi hè ní tāng zài shǔ jiǔ
雷贺倪汤在数九：
yī jiǔ èr jiǔ bù chū shǒu
一九二九不出手，
sān jiǔ sì jiǔ bīng shang zǒu
三九四九冰上走。
wǔ jiǔ liù jiǔ yáng pō kàn liǔ
五九六九，阳坡看柳。
qī jiǔ hé kāi bā jiǔ yàn lái
七九河开，八九雁来。
jiǔ jiǔ jiā yì jiǔ
九九加一九，
gēng niú biàn dì zǒu
耕牛遍地走。

biàn dì zǒu a biàn dì zǒu
遍地走啊遍地走，
tuò huāng zhòng dì hàn shuǐ liú
拓荒种地汗水流。
liú le yì nián yòu yì nián a
流了一年又一年啊，
nián nián dōu shì dà fēng shōu
年年都是大丰收！

词语火车开起来

耕牛→勤劳的耕牛　耕牛耕地汗水流

丰收→大丰收　丰收的日子喜洋洋

姓氏成语串起来

费→不费吹灰之力 | 廉→物美价廉

雷→雷打不动 | 贺→可喜可贺 | 倪→不知端倪

汤→连汤带水

 ## 名人故事讲起来

费：费直是西汉古文易学"费氏学"的开创者。

廉：廉颇（pō）是"战国四大名将"之一。

岑：岑参（shēn）是唐代著名的边塞诗人。

薛：薛涛是唐代的女诗人。

雷：雷焕是晋代天文学家。

贺：贺知章写了著名的诗歌《回乡偶书》。

倪：倪瓒（zàn）是"元末四大家"之一。

汤：汤显祖是明朝的戏曲家、文学家。

téng yīn luó bì guò nián la
滕 殷 罗 毕 过 年 啦
hǎo wū ān cháng tiē chuāng huā
郝 邬 安 常 贴 窗 花

téng yīn luó bì guò nián la
滕 殷 罗 毕 过 年 啦，

hǎo wū ān cháng tiē chuāng huā
郝 邬 安 常 贴 窗 花。

tiē zhī jī tiē zhī yā
贴 只 鸡，贴 只 鸭，

tiē liǎ tù zi dǎ hā ha
贴 俩 兔 子 打 哈 哈。

dǎ hā ha dòu lǎo hóur
打 哈 哈，逗 老 猴 儿，

lǎo hóur zhèng zài chōu yān dǒu
老 猴 儿 正 在 抽 烟 斗。

chōu yān dǒu yǒu kǒu chòu
抽 烟 斗，有 口 臭，

dà é jiàn le wǔ zhe bí zi duǒ zhe zǒu
大 鹅 见 了 捂 着 鼻 子 躲 着 走……

词语火车开起来

过年→回家过年　过年放鞭炮　过年吃饺子
窗花→剪窗花　贴窗花　贴窗花真喜庆

姓氏成语串起来

殷→民殷国富｜罗→天罗地网｜毕→原形毕露
安→安居乐业｜常→习以为常

名人故事讲起来

滕：滕代远是新中国人民铁路事业的奠基人。

殷：殷树柏是清代画家，擅长花卉。

罗：罗贯中是小说《三国演义》的作者。

毕：北宋的毕昇发明了活字印刷术。

郝：郝梦龄是著名的抗日英雄。

邬：邬彤是唐代书法家，怀素自叹不如。

安：安民是宋代陕西长安人，著名石匠。品格高尚、不
　　畏权贵。

常：常香玉是著名的豫剧表演艺术家。

yuè yú shí fù tiào pí jīnr
乐于时傅跳皮筋儿
pí biàn qí kāng chàng gē yáo
皮卞齐康 唱歌谣

yuè yú shí fù tiào pí jīnr
乐于时傅跳皮筋儿，
pí biàn qí kāng chàng gē yáo
皮卞齐康 唱歌谣：

xiǎo tù bèng yòu tiào
小兔蹦又跳，

tiào zhe zhǎo xiǎo niǎo
跳着找小鸟。

xiǎo niǎo jiū jiū jiào
小鸟啾啾叫，

tā qù zhǎo xiǎo māo
他去找小猫。

xiǎo māo zhuō lǎo shǔ
小猫捉老鼠，

tā qù zhǎo xiǎo zhū
他去找小猪。

xiǎo zhū hái zài hū lū lū
小猪还在呼噜噜，

bǎ tā qì de wū wū kū
把他气得呜呜哭……

词语火车开起来

歌谣→写歌谣　小朋友们唱歌谣

皮筋儿→买皮筋儿　跳皮筋儿　丽丽正在跳皮筋儿

 姓氏成语串起来

乐→鼓乐喧天│于→不绝于耳│时→风靡（mí）一时

皮→鸡毛蒜（suàn）皮│齐→百花齐放│康→家道小康

 名人故事讲起来

乐：乐毅是战国后期杰出的军事家。

于：明朝民族英雄于谦写了著名诗歌《石灰吟》。

时：宋代著名画家时光，以工画山水而闻名。

傅：傅雷是我国著名翻译家、文艺评论家。

皮：皮日休是唐代著名文学家。

卞：卞之琳，文学评论家、翻译家，新文化运动中诗歌
　　流派新月派的代表诗人。

齐：齐白石是中国近现代绘画大师。

康：康涛是清代画家，擅长山水花卉，也擅长书法。

wǔ yú yuán bǔ guā chūn fēng
伍余元卜刮春风
gù mèng píng huáng fàng fēng zheng
顾孟平黄放风筝

wǔ yú yuán bǔ guā chūn fēng
伍余元卜刮春风，

gù mèng píng huáng fàng fēng zheng
顾孟平黄放风筝。

fēng zheng fēi zài bàn kōng zhōng
风筝飞在半空中，

kōng zhōng de lǎo yīng hěn xiōng měng
空中的老鹰很凶猛。

zuǒ bian fēi zhe huā hú dié
左边飞着花蝴蝶，

yòu bian fēi zhe hóng qīng tíng
右边飞着红蜻蜓。

hái yǒu yì tiáo dà lǐ yú
还有一条大鲤鱼，

yáo yáo bǎi bǎi zài fēi xíng
摇摇摆摆在飞行！

词语火车开起来

风筝→做风筝　放风筝　风筝飞到天空中

鲤鱼→大鲤鱼　鲤鱼跳龙门

姓氏成语串起来

伍→羞（xiū）与为伍｜余→年年有余｜元→开国元勋（xūn）

卜（bǔ）→未卜先知｜顾→左顾右盼｜孟→孟母三迁

平→风平浪静｜黄→黄粱一梦

名人故事讲起来

伍：伍子胥是春秋战国时期著名的军事家、谋略家。

余：余秋雨是中国著名的文化学者。

元：元宏是北魏孝文帝拓跋（tuò bá）宏。他将拓跋姓

　　改成元姓，促进了民族大融合。

卜：卜商是春秋晋国的学者，孔子的得意门人。

顾：顾恺（kǎi）之博学多才，是中国历史上杰出的画家。

孟：孟子与孔子合称为"孔孟"，有"亚圣"之称。

平：平步青博览群书，擅长编写目录。

黄：黄道婆是元朝时期擅长纺织技术的女工艺家。

hé mù xiāo yǐn pāi shǒu chàng yáo shào zhàn wāng lè gòu qiàng
和穆萧尹拍手唱 姚邵湛汪乐够呛

hé mù xiāo yǐn pāi shǒu chàng
和穆萧尹拍手唱，

yáo shào zhàn wāng lè gòu qiàng
姚邵湛汪乐够呛。

nǐ pāi yī wǒ pāi yī yì zhī hú li zài tōu jī
你拍一，我拍一，一只狐狸在偷鸡。

nǐ pāi èr wǒ pāi èr liǎng zhī lǎo hǔ mǎ shàng lái
你拍二，我拍二，两只老虎马上来。

nǐ pāi sān wǒ pāi sān sān zhī xiǎo yā qù hé biān
你拍三，我拍三，三只小鸭去河边。

nǐ pāi sì wǒ pāi sì sì zhī xiǎo zhū xiě dà zì
你拍四，我拍四，四只小猪写大字。

nǐ pāi wǔ wǒ pāi wǔ wǔ zhī xiǎo māo zhuō lǎo shǔ
你拍五，我拍五，五只小猫捉老鼠。

nǐ pāi liù wǒ pāi liù liù gè lǎo tóur liù xiǎo gǒu
你拍六，我拍六，六个老头儿遛小狗。

nǐ pāi qī wǒ pāi qī qī gè dà mā zhuā gōng jī
你拍七，我拍七，七个大妈抓公鸡。

nǐ pāi bā wǒ pāi bā bā gè qí bīng qí dà mǎ
你拍八，我拍八，八个骑兵骑大马。

nǐ pāi jiǔ wǒ pāi jiǔ jiǔ gè xiǎo háir zài fàng niú
你拍九，我拍九，九个小孩儿在放牛。

nǐ pāi shí wǒ pāi shí shí gè xiù cai zài yín shī
你拍十，我拍十，十个秀才在吟诗。

词语火车开起来

老虎→布老虎　画老虎　上山打老虎
公鸡→养公鸡　捉公鸡　捉了一只大公鸡

姓氏成语串起来

和→风和日丽｜穆→穆如清风｜萧→风雨萧条
湛→湛湛青天｜汪→汪洋大海

 ## 名人故事讲起来

和：和礼霍孙是元代画家，蒙古人。

穆：穆嬴（yíng）是春秋时期晋襄公的夫人，晋灵公的
　　母亲。

萧：萧何是汉朝的开国元勋之一，与张良、韩信同为汉
　　初三杰。

尹：尹圭璋（zhāng）是新中国的开国少将，革命家。

姚：姚明是著名的篮球明星。

邵：邵雍是北宋著名的哲学家、易学家。

湛：湛若水是明代著名学者，被人称为甘泉先生。

汪：汪曾祺（qí）是当代作家、散文家、戏剧家。

qí máo yǔ dí yáo a yáo
祁毛禹狄摇啊摇
mǐ bèi míng zāng chéng chuán dào
米贝明臧乘船到

qí máo yǔ dí yáo a yáo
祁毛禹狄摇啊摇，

mǐ bèi míng zāng chéng chuán dào
米贝明臧乘船到。

chéng chuán dào le wài pó qiáo
乘船到了外婆桥，

wài pó shàng shān qù zhāi táo
外婆上山去摘桃。

táo yuán lǐ miàn gāng kāi huā
桃园里面刚开花，

hú fēng fēi lái zhē xià ba
胡蜂飞来蜇下巴。

xià ba zhē diào le dà bàn lǎ
下巴蜇掉了大半拉，

wài pó de xiào hua dòu de wài sūn xiào hā hā
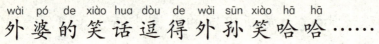
外婆的笑话逗得外孙笑哈哈……

词语火车开起来

桃园→逛桃园　桃园桃花开　桃园花开真美丽

笑话→讲笑话　听笑话　宝宝喜欢听笑话

姓氏成语串起来

祁→六出祁山｜毛→毛手毛脚｜禹→大禹治水

米→鱼米之乡｜贝→齿如齐贝｜明→正大光明

名人故事讲起来

祁：祁奚（xī）是春秋时期晋国大夫，曾任晋国中军尉，以公正无私著称。

毛：毛泽东是中国共产党、中国人民解放军和中华人民共和国的主要缔造者，诗人、书法家。

禹：禹之鼎是清代画家。

狄：狄仁杰是唐朝武周时期宰相。

米：米芾（fú）是北宋著名书画家。

贝：贝寿同，江苏苏州人。近代著名建筑大师。

明：明安图是清代数学家。

臧：臧克家是忠诚的爱国主义者，现代诗人。

jì fú chéng dài dú tóng yáo
计伏成 戴读童谣
tán sòng máo páng lè táo táo
谈宋茅庞乐陶陶

jì fú chéng dài dú tóng yáo
计伏成戴读童谣,

tán sòng máo páng lè táo táo
谈宋茅庞乐陶陶。

dōng nán gǎng shang liǎng kē hāo
东南岗上两棵蒿,

láng èr dān shuǐ láng sān jiāo
狼二担水狼三浇。

yì kē jiē de shì xiān táo
一棵结的是仙桃,

yì kē jiē de shì xiǎo niǎo
一棵结的是小鸟。

xiǎo niǎo xiǎng fēi yě fēi bù liǎo
小鸟想飞也飞不了,

jí de tā shān dòng chì bǎng jiū jiū jiào
急得它扇动翅膀啾啾叫。

jiū jiū jiào zhe hǎn kǒu hào
啾啾叫着喊口号:

wǒ yào fēi de gāo a wǒ yào fēi de gāo
我要飞得高啊我要飞得高!

第二单元

 词语火车开起来

童谣→写童谣　读童谣　宝宝喜欢读童谣

仙桃→摘仙桃　吃仙桃　八戒喜欢吃仙桃

 姓氏成语串起来

计→斤斤计较（jiào）｜伏→十面埋伏｜成→马到成功

戴→披星戴月｜谈→谈笑风生

茅→茅塞（sè）顿开｜庞→庞然大物

 名人故事讲起来

计：计礼是明代刑部郎中。

伏：伏恭是东汉明帝、章帝时大臣。为官公正廉洁。

成：成连是春秋时期著名琴师。

戴：戴望舒是著名的"现代派"诗人。

谈：谈允贤是中国古代女名医之一。

宋：宋玉是战国末期楚国辞赋（fù）家。

茅：茅以升是土木工程学家、桥梁专家。

庞：庞涓（juān）是战国初期魏国名将。

xióng jǐ shū qū bá dà cōng
熊纪舒屈拔大葱
xiàng zhù dǒng liáng zhuō xiǎo chóng
项祝董梁捉小虫

xióng jǐ shū qū bá dà cōng
熊纪舒屈拔大葱，

xiàng zhù dǒng liáng zhuō xiǎo chóng
项祝董梁捉小虫。

xiǎo chóng xiǎo chóng fēi a fēi
小虫小虫飞啊飞，

fēi dào nán shān hē lù shui
飞到南山喝露水，

lù shui hē bǎo le wǎng qián pǎo
露水喝饱了往前跑，

pǎo dào hé biān zhǎo lǎo lao
跑到河边找姥姥。

lǎo lao yǎng le yì qún yā
姥姥养了一群鸭，

jiàn le xiǎo chóng jiào gā gā
见了小虫叫嘎嘎。

gā gā jiào zhe xià yā dàn
嘎嘎叫着下鸭蛋，

pī li pā lā zhuāng mǎn yì zhú lán
噼里啪啦装满一竹篮！

 词语火车开起来

露水→采露水　喝露水　小虫喜欢喝露水
竹篮→编竹篮　卖竹篮　竹篮可以装鸭蛋

 姓氏成语串起来

熊→虎背熊腰｜舒→眉舒目展｜屈→不屈不挠
项→项庄舞剑，意在沛（pèi）公｜梁→悬梁刺股

 名人故事讲起来

熊：熊耀华，笔名古龙，著名武侠小说家。

纪：纪晓岚（lán）编修多部典籍，为中国文化史做出
　　杰出贡献。

舒：老舍原名舒庆春，是中国著名作家。代表作《骆驼
　　祥子》。

屈：屈原是中国最伟大的浪漫主义诗人之一，代表作品
　　有《离骚》《九歌》等。

项：项羽是西楚霸王。

祝：祝允明是明朝文学家、书画家。

董：董仲舒是西汉哲学家，今文经学大师。

梁：梁思成是中国著名建筑史学家、建筑师。

dù ruǎn lán mǐn wàng yè kōng
杜阮蓝闵望夜空

xí jì má qiáng kàn xīng xing
席季麻强看星星

dù ruǎn lán mǐn wàng yè kōng
杜阮蓝闵望夜空，

xí jì má qiáng kàn xīng xing
席季麻强看星星。

yì kē xīng liǎng kē xīng
一颗星，两颗星，

xīng xing bù duō yuè er míng
星星不多月儿明。

yuè er míng fēng er qīng
月儿明，风儿轻。

cǎo cóng fēi lái gè yíng huǒ chóng
草丛飞来个萤火虫。

yíng huǒ chóng hǎo xīn qíng
萤火虫，好心情，

jīn yè jià gěi māo tóu yīng
今夜嫁给猫头鹰。

biē dǎ gǔ zhū chuī shēng
鳖打鼓，猪吹笙，

mǎ yǐ hè xǐ tái jiǔ tǒng
蚂蚁贺喜抬酒桶。

zhuó mù niǎo lái huān yíng
啄木鸟，来欢迎：

huān yíng nín jià gěi bèir kù de māo tóu yīng
欢迎您嫁给倍儿酷的猫头鹰！

词语火车开起来

星星→小星星　星星亮晶晶　天上的星星眨眼睛
心情→坏心情　好心情　愿你有个好心情

姓氏成语串起来

杜→防微杜渐｜阮→阮囊（náng）羞涩｜蓝→青出于蓝
席→席卷天下｜季→季布一诺（nuò）｜麻→心乱如麻
强→自强不息

 ## 名人故事讲起来

杜：杜甫是唐代伟大的现实主义诗人，被后人尊称为"诗圣"。

阮：阮籍是"竹林七贤"之一。

蓝：蓝瑞是河南郑州人，明代学者。

闵：闵损，字子骞（qiān），春秋时期鲁国人，孔子的高徒。

席：席豫是唐朝诗人。

季：季羡林是当代学者，著名教授、文学翻译家。

麻：麻居礼是唐代画家，擅长画佛像。

强：强至是北宋学者。

jiǎ lù lóu wēi xīn cháng hǎo　　jiāng tóng yán guō wèi yě māo
贾路娄危心肠好　江童颜郭喂野猫

jiǎ lù lóu wēi xīn cháng hǎo
贾路娄危心肠好，

jiāng tóng yán guō wèi yě māo
江童颜郭喂野猫。

yě māo pá ya pá
野猫爬呀爬，

pá dào wū dǐng chuī lǎ ba
爬到屋顶吹喇叭。

lǎ ba chuī de xiǎng
喇叭吹得响，

zhāo lái yě tù yí dà bāng
招来野兔一大帮。

yě tù qí xīn bá luó bo
野兔齐心拔萝卜，

bá ya bá le yí dà luó
拔呀拔了一大箩。

luó kuāng li de luó bo cuì yòu tián
箩筐里的萝卜脆又甜，

sòng gěi le xiǎo zhèn de lǐ lǎo sān
送给了小镇的李老三。

lǎo sān shì gè kùn nan hù
老三是个困难户，

gǎn dòng de bào zhe luó bo wū wū kū
感动得抱着萝卜呜呜哭……

034

 词语火车开起来

萝卜→拔萝卜　洗萝卜　吃萝卜

喇叭→买喇叭　吹喇叭　青蛙吹起大喇叭

 姓氏成语串起来

路→一路顺风｜危→临危不惧｜江→翻江倒海

童→返老还童｜颜→五颜六色｜郭→东郭先生

 名人故事讲起来

贾：贾谊是汉朝著名的思想家、文学家。

路：路雄是北魏大将。

娄：娄坚是明代学者，嘉定四先生之一。

危：危素是元末明初著名史学家、书法家、文学家。

江：江万里是南宋著名爱国丞相，民族英雄。

童：童恢是东汉时期官吏，奉公廉洁，为人称道。

颜：颜之推是南北朝时期思想家，著有《颜氏家训》。

郭：郭沫若是我国著名的诗人、考古学家。

méi shèng lín diāo huà hú lu
梅 盛 林 刁 画 葫 芦
zhōng xú qiū luò zhēn hú tu
钟 徐 邱 骆 真 糊 涂

méi shèng lín diāo huà hú lu
梅 盛 林 刁 画 葫 芦，
zhōng xú qiū luò zhēn hú tu
钟 徐 邱 骆 真 糊 涂。
hú tu yě bú pà
糊 涂 也 不 怕，
zhǐ yào hái bù shǎ
只 要 还 不 傻。
shǎ le yě wú fáng
傻 了 也 无 妨，
zhǐ yào bù tōu yě bù qiǎng
只 要 不 偷 也 不 抢。

tōu qián qiǎng liáng shì fàn zuì
偷 钱 抢 粮 是 犯 罪，
láo fáng li de hú li zhí hòu huǐ
牢 房 里 的 狐 狸 直 后 悔。
hú li de bāng xiōng shì gǒu huān
狐 狸 的 帮 凶 是 狗 獾，
dūn zài láo fáng de qiáng jiǎo lèi lián lián
蹲 在 牢 房 的 墙 角 泪 涟 涟……

词语火车开起来

糊涂→真糊涂　装糊涂　老猪越来越糊涂

狐狸→狡猾的狐狸　狐狸在奔跑　狐狸喜欢骗乌鸦

姓氏成语串起来

梅→望梅止渴 | 盛→太平盛世 | 林→林下清风

钟→晨钟暮（mù）鼓 | 徐→不疾（jí）不徐

骆→骆驿（yì）不绝

名人故事讲起来

梅：梅兰芳是中国京剧表演艺术大师，创立了"梅派"
　　艺术。

盛：盛懋（mào）是元代画家。

林：林则徐是清朝道光时期大臣、民族英雄。因虎门销
　　烟而留名青史。

刁：刁国宝是明太祖的先锋将军。

钟：钟离昧是项羽手下将领。

徐：徐霞客的日记被后人整理成《徐霞客游记》。

邱：邱迟是南朝齐梁间的文学家。

骆：骆宾王是著名唐朝文学家，代表作《咏鹅》。

gāo xià cài tián zhòng yù mǐ
高夏蔡田 种玉米
fán hú líng huò biān liáng xí
樊胡凌霍编凉席

gāo xià cài tián zhòng yù mǐ
高夏蔡田种玉米，

fán hú líng huò biān liáng xí
樊胡凌霍编凉席。

gàn shá zhèng qián
干啥？挣钱。

qián duō lè he
钱多，乐和。

hé qi shēng cái
和气，生财。

cái yuán mào shèng
财源，茂盛。

shèng jīng xiàn zài jiào shěn yáng
盛京现在叫沈阳，

shěn yáng de gōng yuán huā er xiāng
沈阳的公园花儿香。

gōng yuán jiù shì yǒu diǎnr shǎo
公园就是有点儿少，

zài jiàn jǐ zuò gāi duō hǎo
再建几座该多好！

词语火车开起来

挣钱→挣钱买水果　挣钱买新衣　挣钱靠劳动

财源→财源广进　财源滚滚　财源滚滚而来

 姓氏成语串起来

高→兴高采烈｜夏→冬日夏云｜田→瓜田李下

胡→胡思乱想｜凌→壮志凌云｜霍→磨刀霍霍

 名人故事讲起来

高：高渐离因随荆轲刺秦王嬴政而闻名天下。

夏：夏圭（guī）是南宋杰出的画家。

蔡：蔡文姬是东汉时期著名女诗人。

田：田忌是战国时期齐国名将。

樊：樊哙（kuài）持盾闯入鸿门宴，斥责项羽，使刘邦
　　得以脱身。

胡：胡适是近代学者。

凌：凌统是三国时期东吴名将。

霍：霍去病战功显赫，被汉武帝刘彻封为大司马。

虞万支柯采野花
yú wàn zhī kē cǎi yě huā

昝管卢莫说闲话
zǎn guǎn lú mò shuō xián huà

yú wàn zhī kē cǎi yě huā
虞万支柯采野花，

zǎn guǎn lú mò shuō xián huà
昝管卢莫说闲话。

xián huà shuō duō le tài kě pà
闲话说多了太可怕，

rě de jī yā zhí chǎo jià
惹得鸡鸭直吵架。

yā mà jī jī mà yā
鸭骂鸡，鸡骂鸭，

máo lǘr yě zài yì páng mà
毛驴儿也在一旁骂。

páng biān hái yǒu liǎng zhī xiā
旁边还有两只虾，

yǐ jí páng xiè tā yí mā
以及螃蟹他姨妈。

páng xiè tā yí mā gèng kě pà
螃蟹他姨妈更可怕，

mà zhe mà zhe jǔ qǐ le dīng chǐ bà
骂着骂着举起了钉齿耙……

 词语火车开起来

野花→看野花　采野花　野花开在山冈上
闲话→听闲话　说闲话　闲话说多了真可怕
螃蟹→养螃蟹　吃螃蟹　螃蟹味道鲜美

姓氏成语串起来

万→光芒**万**丈｜支→乐不可**支**
管→双**管**齐下｜莫→高深**莫**测

名人故事讲起来

虞：虞姬〔jī〕是西楚霸王项羽的爱妾。

万：万籁鸣是世界动画大师，中国剪纸艺术第一人，动画电影创始人。

支：支谦翻译了数十种佛经重要典籍。因其博学超众，曾被吴主孙权拜为博士。

柯：柯应诚天资聪慧，读书能悟人所不到之处。

管：管仲是春秋时齐国著名政治家。

卢：卢照邻是初唐四杰之一。

莫：莫言是第一个获得诺贝尔文学奖的中国作家。

jīng fáng qiú miào xué gǒu jiào
经 房 裘 缪 学 狗 叫

gān xiè yīng zōng kāi mén qiáo
干 解 应 宗 开 门 瞧

jīng fáng qiú miào xué gǒu jiào
经 房 裘 缪 学 狗 叫。

gān xiè yīng zōng kāi mén qiáo
干 解 应 宗 开 门 瞧。

shéi lái le   shì lǎo dào
谁 来 了？ 是 老 道

lǎo dào xiào   bǎ chá dào
老 道 笑， 把 茶 倒

chá xiāng   mǎi táng
茶 香， 买 糖。

táng tián   mǎi miàn
糖 甜， 买 面。

miàn hǎo   qǐng māo
面 好， 请 猫。

qǐng lái lǎo māo gǎn miàn tiáo
请 来 老 猫 擀 面 条，

lǎo dào chī bǎo le lǐng zhe lǎo māo guàng wén miào
老 道 吃 饱 了 领 着 老 猫 逛 文 庙……

第三单元

词语火车开起来

面条→擀面条　煮面条　吃面条　面条的味道真是好

老道→老道年纪高　老道心肠好　老道天天起得早

姓氏成语串起来

经→四书五经｜房→文房四宝｜裘→集腋（yè）成裘

干→一干二净｜解→浑身解数｜应→一应俱全

宗→认祖归宗

 ### 名人故事讲起来

经：经亨颐（yí）创办春晖中学并长期从事教育事业，还参加了国民革命。

房：房玄龄在渭北投秦王李世民后，为秦王出谋划策，是秦王最得力的谋士之一。

裘：清朝徐州总兵裘安邦很关心老百姓的生活。

缪：缪袭是三国时期魏国文学家。

干：干将（jiāng）是春秋末期著名的铸剑师。

解：解开是明代学者。

应：应本仁是元代学者。

宗：宗白华是中国现代新道家代表人物，也是哲学家。

dīng xuān fèi dèng shēng nán wá
丁 宣 贲 邓 生 男 娃
yù shàn háng hóng yǎng xiǎo yā
郁 单 杭 洪 养 小 丫

dīng xuān fèi dèng shēng nán wá
丁 宣 贲 邓 生 男 娃 ，
yù shàn háng hóng yǎng xiǎo yā
郁 单 杭 洪 养 小 丫 。
xiǎo yā zuò yóu xì
小 丫 做 游 戏 ，
lái dào fāng cǎo dì
来 到 芳 草 地 。

cǎo dì kōng qì hǎo
草 地 空 气 好 ，
xiǎo yā pǎo a pǎo
小 丫 跑 啊 跑 。
pǎo zhe zhuī mà zha
跑 着 追 蚂 蚱 ，
mà zha bèng de gāo
蚂 蚱 蹦 得 高 。
gāo gāo de shù shang yǒu zhī niǎor
高 高 的 树 上 有 只 鸟 儿 ，
niǎo er chàng gē xiǎo yā bǎ wǔ tiào
鸟 儿 唱 歌 小 丫 把 舞 跳 。

 **词语火车开起来**

游戏→做游戏　玩游戏　玩起游戏真开心
蚂蚱→蚂蚱跳　蚂蚱跳呀跳得高

  姓氏成语串起来

丁→可丁可卯（mǎo）| 宣→心照不宣 | 贲→贲育之勇
郁→郁郁葱葱 | 洪→声如洪钟

 名人故事讲起来

丁：丁俊晖是中国男子台球队运动员，斯诺克球手。
宣：宣鼎是晚清著名小说家、戏剧家、诗人、画家。
贲：贲赫帮刘邦平息叛乱，被封为期思侯。
邓：邓世昌是清末海军杰出爱国将领、民族英雄。
郁：中国现代作家郁达夫写了小说《故都的秋》。
单：单雄信因为能在马上用枪，所以在军中被称为"飞将"。
杭：杭淮是明朝著名中丞，以廉明自律著称。
洪：洪熙（xī）官是清朝著名武术家。

bāo zhū zuǒ shí zhòng xī guā　　cuī jí niǔ gōng yǎng zhī yā
包诸左石种西瓜　崔吉钮龚养只鸭

bāo zhū zuǒ shí zhòng xī guā
包诸左石种西瓜，

cuī jí niǔ gōng yǎng zhī yā
崔吉钮龚养只鸭。

yā zi jiào　jiào gā gā
鸭子叫，叫嘎嘎，

shān dòng chì bǎng mài xī guā
扇动翅膀卖西瓜。

xī guā tián　xī guā dà
西瓜甜，西瓜大，

bào ya bào ya bào bú xià
抱呀抱呀抱不下。

bào bú xià　yě yào bào
抱不下，也要抱，

yě māo qiǎng guā lūn dà dāo
野猫抢瓜抡大刀。

bào xī guā　pǎo ya pǎo
抱西瓜，跑呀跑，

jí máng guò hé diào xià qiáo
急忙过河掉下桥。

diào xià qiáo　xī guā piāo
掉下桥，西瓜漂，

yě māo qiǎng de gū gū zhí mào pàor
野猫呛得咕咕直冒泡儿！

 词语火车开起来

翅膀→美丽的翅膀　扇动翅膀　扇动翅膀飞上天

野猫→野猫跑　野猫叫　野猫喵喵叫

 姓氏成语串起来

包→包罗万象 | 诸→诸子百家 | 左→左右逢（féng）源

石→点石成金 | 崔→崔嵬（wéi）高大 | 吉→吉祥如意

钮→龟钮之玺（xǐ）

 名人故事讲起来

包：包拯刚正不阿，为民申冤，不畏权贵，树立了清正廉洁官员的榜样。

诸：明将诸燮（xiè）守山海关，忠贞为国。

左：左丘明为《春秋》作传，成《春秋左氏传》，简称《左传》。

石：石涛是清代著名的画家。

崔：唐代末期诗人崔护写了著名诗句"人面桃花相映红"，被人们千古传诵。

吉：吉敬胜是明朝著名的教育家。

钮：钮克让是元朝的文官。

龚：龚自珍是清代思想家、诗人、文学家。

程 嵇 邢 滑 学 剪 纸　　裴 陆 荣 翁 画 年 画

chéng jī xíng huá xué jiǎn zhǐ
程 嵇 邢 滑 学 剪 纸，

péi lù róng wēng huà nián huà
裴 陆 荣 翁 画 年 画。

nián huà huà de shì lǎo shǔ
年 画 画 的 是 老 鼠，

lǎo shǔ qǔ qīn chuī lǎ ba
老 鼠 娶 亲 吹 喇 叭。

lǎ ba lǎ ba chuī de miào
喇 叭 喇 叭 吹 得 妙，

lǎo shǔ qǔ qīn chuān xīn ǎo
老 鼠 娶 亲 穿 新 袄，

chuān pí xuē lái dài zhān mào
穿 皮 靴 来 戴 毡 帽，

sì gè lǎo māo tái huā jiào
四 个 老 猫 抬 花 轿，

zhū dǎ dēng long gǒu hè dào
猪 打 灯 笼 狗 喝 道，

yí hè hè dào chéng huáng miào
一 喝 喝 到 城 隍 庙。

chéng huáng lǎo ye xià yí tiào
城 隍 老 爷 吓 一 跳，

dòu de xiǎo xióng xiǎo tù pāi shǒu xiào
逗 得 小 熊、小 兔 拍 手 笑……

词语火车开起来

年画 → 画年画　贴年画　贴好年画过大年
皮靴 → 做皮靴　穿皮靴　小猫穿着大皮靴

姓氏成语串起来

程 → 前程似锦 ｜ 陆 → 光怪陆离 ｜ 荣 → 荣华富贵
翁 → 鹬蚌（yù bàng）相争，渔翁得利

名人故事讲起来

程：程咬金帮助李世民开创太平盛世。

嵇：魏国的嵇康通晓音律，尤爱弹琴。

邢：邢云路是明代天文学家。

滑：滑寿以崇高的医德，受到当时人们的赞誉。

裴：裴秀是晋代地图学家。

陆：陆游是南宋文学家、史学家、爱国诗人。

荣：荣宗敬是中国近代著名的民族资本家。

翁：翁广平是清朝著名书画家、藏书家。

xún yáng yū huì shōu pú tao　　zhēn qū jiā fēng wèi xiǎo māo
荀羊於惠收葡萄　甄曲家封喂小猫

xún yáng yū huì shōu pú tao
荀羊於惠收葡萄，

zhēn qū jiā fēng wèi xiǎo māo
甄曲家封喂小猫。

māo chī pú tao bù tǔ pú tao pír
猫吃葡萄不吐葡萄皮儿，

bù chī pú tao de lǎo shǔ dào tǔ pú tao pír
不吃葡萄的老鼠倒吐葡萄皮儿。

pú tao pír dǎ zhòng le lǎo hú li
葡萄皮儿打中了老狐狸，

lǎo hú li jué de tǐng biē qì
老狐狸觉得挺憋气，

biē qì jiù shuō pú tao suān
憋气就说葡萄酸，

suān liū liū de pú tao bù zhí qián
酸溜溜的葡萄不值钱，

bù zhí qián de pú tao gēn wǒ bù xiāng gān
不值钱的葡萄跟我不相干，

wǒ zhòng de xī guā gè gè dōu gā gā tián
我种的西瓜个个都嘎嘎甜！

词语火车开起来

葡萄→种葡萄　摘葡萄　吃葡萄不吐葡萄皮儿

老鼠→老鼠偷米　老鼠偷油　过街老鼠人人喊打

姓氏成语串起来

羊→三羊开泰 ｜ 惠→惠风和畅 ｜ 甄→甄才品能

曲→委曲求全 ｜ 家→白手起家 ｜ 封→封官许愿

名人故事讲起来

荀：荀子是战国时期著名的思想家。

羊：羊欣是南朝宋国著名书法家。

於：於敖（áo）是明朝著名的大臣。

惠：惠施是名家学派的开山鼻祖。

甄：甄鸾（luán）是北周数学家。

魏：魏源是清代启蒙思想家、政治家、文学家。

家：家勤国是宋朝的学者。

封：封衡是三国时期魏国道士。

ruì yì chǔ jìn ài yīng xióng
芮羿储靳爱英雄
jí bǐng mí sōng qīng yòu qīng
汲邴糜松青又青

ruì yì chǔ jìn ài yīng xióng
芮羿储靳爱英雄，
jí bǐng mí sōng qīng yòu qīng
汲邴糜松青又青。
qīng sōng zhǎng zài yán fèng zhōng
青松长在岩缝中，
yǎo dìng qīng shān bú fàng sōng
咬定青山不放松。

sōng sōng kuǎ kuǎ de shì lǎo zhū
松松垮垮的是老猪，
yòu lǎn yòu chán hū lū lū
又懒又馋呼噜噜。
hū hu lū lū mèng jiàn hǔ
呼呼噜噜梦见虎，
hǔ jiào tù zi qù dǎ gǔ
虎叫兔子去打鼓。
tù zi piān yào qù mǎi bù
兔子偏要去买布，
hái yào péi zhe sōng shǔ qù dǎ cù
还要陪着松鼠去打醋……

词语火车开起来

英雄→爱英雄　做英雄　英雄的美名天下传

青松→大雪压青松，青松挺且直

姓氏成语串起来

羿→羿射九日｜储→家无斗储｜松→松柏之寿

名人故事讲起来

芮：芮良夫是西周时期周朝的卿士、芮国国君。

羿：羿忠是明代湘阴人，洪武初年为遂宁知县。

储：储秘书是清代的学者。

靳：靳德进是元朝著名大臣。

汲：汲桑是西晋著名农民起义军首领。

郲：郲辅是春秋时期赵国著名的建筑学家。

糜：糜竺（zhú）辅佐刘备建立蜀汉。

松：松冕（miǎn）是明朝时的清官。

jǐng duàn fù wū gōng fu hǎo   wū jiāo bā gōng shè dà diāo
井段富巫功夫好   乌焦巴弓射大雕

jǐng duàn fù wū gōng fu hǎo
井 段 富 巫 功 夫 好 ，

wū jiāo bā gōng shè dà diāo
乌 焦 巴 弓 射 大 雕 。

dà diāo fēi ya fēi de gāo
大 雕 飞 呀 飞 得 高 ，

lán lán de tiān kōng bái yún piāo
蓝 蓝 的 天 空 白 云 飘 。

tiān kōng de xià miàn shì cǎo yuán
天 空 的 下 面 是 草 原 ，

mà zha xià le gè xián yā dàn
蚂 蚱 下 了 个 咸 鸭 蛋 。

yā zi jué de tài diū rén
鸭 子 觉 得 太 丢 人 ，

qǐng lái gǒu xióng gǔn chē lúnr
请 来 狗 熊 滚 车 轮 儿 。

chē lúnr gǔn de hěn rè nao
车 轮 儿 滚 得 很 热 闹 ，

wéi guān de hú li shǎn le yāo
围 观 的 狐 狸 闪 了 腰 。

yāo tòng máng qù kàn yī shēng
腰 痛 忙 去 看 医 生 ，

yī shēng fǎn qiú hú li wèi tā kàn kan bìng
医 生 反 求 狐 狸 为 他 看 看 病 ……

词语火车开起来

鸭蛋→鸭子下鸭蛋　煮鸭蛋　吃鸭蛋

医生→看医生　当医生　医生治病救人

姓氏成语串起来

井→井井有条 | 段→不择手段 | 富→富可敌国

巫→巫山云雨 | 乌→爱屋及乌 | 焦→焦虑不安

巴→巴山蜀（shǔ）水 | 弓→左右开弓

名人故事讲起来

井：井勿幕是陕西辛亥革命的先驱和杰出的领导人。

段：段德昌是中国工农红军杰出指挥员，军事家。

富：富恕是元代著名诗人，画家。

巫：巫妨是上古时代一位身兼医、巫两道的著名人物。

乌：乌获是战国时期秦国的勇士。

焦：焦裕禄是县委书记的好榜样。

巴：巴金是我国著名作家、翻译家、社会活动家。

弓：弓林是西汉末期大臣。

mù kuí shān gǔ yǒu tiáo hé
牧隗山谷有条河
chē hóu fú péng fàng dà é
车侯宓蓬放大鹅

mù kuí shān gǔ yǒu tiáo hé
牧隗山谷有条河，
chē hóu fú péng fàng dà é
车侯宓蓬放大鹅。
dà é shàng àn qù zhǎo fǎng zhī niáng
大鹅上岸去找纺织娘，
fǎng zhī niáng fǎng xiàn zhī bù shài tài yáng
纺织娘纺线织布晒太阳。

tài yáng tài yáng jīn guāng shǎn
太阳太阳金光闪，
jīn guāng shǎn shǎn hěn yào yǎn
金光闪闪很耀眼。
yào yǎn de míng xīng zhēn bù shǎo
耀眼的明星真不少，
bù shǎo de míng xīng hěn bù hǎo
不少的明星很不好。
bù hǎo de xíng wéi yào jiū zhèng
不好的行为要纠正，
zhèng dà guāng míng cái shì zhēn zhèng de dà yīng xióng
正大光明才是真正的大英雄。

词语火车开起来

太阳→红太阳　火红的太阳照四方

明星→男明星　女明星　大明星　超级大明星

姓氏成语串起来

牧→洗兵牧马｜山→青山绿水｜谷→五谷丰登

车→杯水车薪（xīn）｜侯→王侯将（jiàng）相（xiàng）

蓬→蓬荜（bì）生辉

名人故事讲起来

牧：牧仲是春秋时期鲁国有名的贤人。

隗：隗禧（xǐ）是三国时期魏国著名的郎中。

山：山涛是西晋时期名士、政治家、"竹林七贤"之一。

谷：谷利是三国时期吴国将领。

车：车若水是宋代的学者。

侯：侯君集是唐朝名将。

宓：宓妃是上古时期伏羲的女儿，溺死于洛水，相传为
　　洛水之神。

蓬：蓬萌是后汉时期北海人，在当地担任亭长的职务。

quán xī bān yǎng yǎng tiān xiào
全郗班仰 仰天笑
qiū zhòng yī gōng gōng tíng nào
秋仲伊宫宫廷闹

quán xī bān yǎng yǎng tiān xiào
全郗班仰 仰天笑，

qiū zhòng yī gōng gōng tíng nào
秋仲伊宫 宫廷闹。

gōng tíng nào jù tiān tiān yǎn
宫廷闹剧天天演，

yǎn jù de zhǔ juér shì tài jiàn
演剧的主角儿是太监。

tài jiàn tiān tiān hǎn wàn suì
太监天天喊万岁，

huáng dì tīng le xīn lǐ měi
皇帝听了心里美。

měi lì de huǎng yán bù cháng jiǔ
美丽的谎言不长久，

huáng dì huó dào liù suì jiù dào le tóur
皇帝活到六岁就到了头儿。

liù gè tǔ biē qù sòng zàng
六个土鳖去送葬，

tài jiàn gōng nǚ duǒ zài gōng li qiǎng pí táng
太监宫女躲在宫里抢皮糖……

词语火车开起来

皇帝→坏皇帝　好皇帝　皇帝一生故事多

皮糖→抢皮糖　吃皮糖　皮糖筋道甜又香

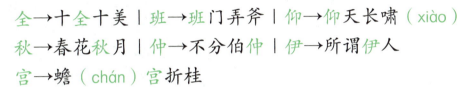

姓氏成语串起来

全→十全十美｜班→班门弄斧｜仰→仰天长啸（xiào）

秋→春花秋月｜仲→不分伯仲｜伊→所谓伊人

宫→蟾（chán）宫折桂

名人故事讲起来

全：全祖望是清代史学家、文学家和思想家。

郗：郗鉴是东晋书法家、将领。

班：班固是东汉著名史学家、文学家，编写了史学巨著
　　《汉书》。

仰：仰延精通音乐，当时瑟为八弦，他改造为二十五弦，
　　为一大发明。

秋：秋瑾是近代民主革命志士。

仲：仲由，字子路，春秋时期鲁国人，孔子的得意弟子。

伊：伊秉绶（bǐng shòu）是清朝的书法家。

宫：宫梦仁是清朝二品官员。

níng qiú luán bào pí qì bào
宁仇栾暴脾气暴
gān tǒu lì róng róng zhuāng hǎo
甘钭厉戎戎装好

níng qiú luán bào pí qì bào
宁仇栾暴脾气暴，
gān tǒu lì róng róng zhuāng hǎo
甘钭厉戎戎装好。
róng mǎ yì shēng bù jiāo ào
戎马一生不骄傲，
wèi guó xiào láo jiāng jūn lǎo
为国效劳将军老。

jiāng jūn lǎo le shōu yǎng liú làng māo
将军老了收养流浪猫，
liú làng māo péi zhe jiāng jūn xiào
流浪猫陪着将军笑。
xiào hē hē de jiāng jūn gōng fu hǎo
笑呵呵的将军功夫好，
liú làng māo xué huì le shuǎ dà dāo
流浪猫学会了耍大刀。
dà dāo shuǎ de zhēn jiào miào
大刀耍得真叫妙，
dà huī láng jiàn le xià de sā tuǐ pǎo
大灰狼见了吓得撒腿跑……

词语火车开起来

脾气→好脾气　发脾气　脾气太大伤身体
将军→大将军　老将军　将军领兵上战场

姓氏成语串起来

宁→鸡犬不宁｜暴→暴风骤（zhòu）雨
甘→苦尽甘来｜厉→雷厉风行｜戎→投笔从戎

名人故事讲起来

宁：宁戚（qī）是齐国齐桓公的大臣，在齐桓公称霸中
　　起到重要作用。

仇：仇览是东汉官吏。

栾：栾书是春秋时期的晋国名将。

暴：暴显是北齐的大将军，马上功夫极好，骑马射箭百
　　发百中。

甘：甘盘是商朝名臣，当时全国有名的道德模范。

钭：钭滔是北宋初期的著名大臣。

厉：厉志是清代中期诗人、画家。

戎：戎昱（yù）是中唐时期著名现实主义诗人。

祖武符刘千里行
景詹束龙腾长空

祖武符刘千里行，
景詹束龙腾长空。
长空万里白云飘，
白云下面羊吃草。

吃草的羊儿像云朵，
云朵飘荡在山坡。
山坡的野草青又青，
青青的野草招来红蜻蜓。
红蜻蜓领着绿蚂蚱，
飞呀飞呀去找晚霞说说话儿……

词语火车开起来

白云 → 白云朵朵　白云在飘荡　蓝蓝的天上白云飘

野草 → 一片野草　野草长在山坡上　山羊喜欢吃野草

姓氏成语串起来

祖 → 认祖归宗 | 武 → 武功盖世 | 符 → 名符其实

景 → 良辰美景 | 束 → 束手无策（cè）| 龙 → 画龙点睛

名人故事讲起来

祖：祖冲之是中国南北朝时期杰出的数学家、天文学家。

武：武则天是中国历史上唯一的女皇帝。

符：符曾（zēng）是清代浙派著名代表诗人。

刘：刘备是三国时期蜀汉开国皇帝。

景：景阳是战国时期楚国将军。

詹：詹天佑是我国自行设计修建铁路第一人。

束：束皙（xī）是西晋文学家、文献学家。

龙：龙且（jū）是秦朝末期楚汉争霸时期西楚将领。

yè xìng sī sháo sháo guāng hǎo
叶幸司韶 韶 光好
gào lí jì bó qíng bù báo
郜黎蓟薄情不薄

yè xìng sī sháo sháo guāng hǎo
叶幸司韶韶光好，

gào lí jì bó qíng bù báo
郜黎蓟薄情不薄。

qíng bù báo　　sháo guāng hǎo
情不薄，韶光好，

chūn guāng měi lì huā xiāng piāo
春光美丽花香飘。

huā xiāng piāo　　zhēn rè nao
花香飘，真热闹，

mì fēng cǎi mì wēng wēng jiào
蜜蜂采蜜嗡嗡叫。

wēng wēng jiào　　jiào xiǎo niǎo
嗡嗡叫，叫小鸟，

jiào lái xiǎo niǎo bǎ wǔ tiào
叫来小鸟把舞跳。

tiào a tiào　　tiào de miào
跳啊跳，跳得妙，

yì zhí tiào dào yuè liang pá lín shāo
一直跳到月亮爬林梢……

 词语火车开起来

春光→春光好　春光明媚　美丽的春光惹人醉
热闹→真热闹　热闹的场面　大街上真热闹

 姓氏成语串起来

叶→一叶障（zhàng）目｜幸→三生有幸｜司→各司其职
薄→如履（lǚ）薄冰

 名人故事讲起来

叶：叶圣陶是现代著名的作家、教育家。

幸：幸南容是唐朝国子监祭酒。

司：明代文人司守谦的代表作《训蒙骈（pián）句》为
　　蒙学经典。

韶：韶护是明朝官员。

郤：郤知章是元朝著名诗人、学者。

黎：黎庶昌是清朝末期外交家、散文家。

蓟：蓟子训是汉代建安年间名士。

薄：薄珏（jué）是明代兵器制作专家。

yìn sù bái huái zuò huái biǎo
印宿白怀做怀表
pú tái cóng è zhòng yīng tao
蒲台从鄂种樱桃

yìn sù bái huái zuò huái biǎo
印宿白怀做怀表,

pú tái cóng è zhòng yīng tao
蒲台从鄂种樱桃。

yīng tao dà yòu tián
樱桃大又甜,

huái biǎo dōu bú huàn
怀表都不换。

bú huàn méi bàn fǎ
不换没办法,

qù qǐng xiǎo qīng wā
去请小青蛙。

qīng wā méi zhǔ yi
青蛙没主意,

qù qǐng lǎo hú li
去请老狐狸。

lǎo hú li quàn le lǎo bàn tiān
老狐狸劝了老半天,

jié guǒ yīng tao zhǐ huàn le liǎng gè bàn
结果樱桃只换了两个半……

词语火车开起来

樱桃→摘樱桃　吃樱桃　樱桃酸甜可口

青蛙→小青蛙　大青蛙　青蛙呱呱叫

姓氏成语串起来

印→心心相印｜宿→风餐（cān）露宿｜白→白手起家

怀→开怀畅饮｜台→近水楼台先得月｜从→从容不迫

名人故事讲起来

印：印应雷是抗元名将，是堪称楷模的清官。

宿：宿伯是孔子七十二贤之一。

白：白居易是唐代伟大的现实主义诗人，唐代三大诗人
之一。

怀：怀素是唐代书法家。

蒲：蒲松龄是清代文学家，创作了著名的短篇小说集《聊
斋志异》。

台：台居重，自幼聪颖，虚心好学，被嘉靖皇帝派遣负
责修建紫禁城。

从：从维熙（xī）是当代著名作家。

鄂：鄂千秋是汉朝开国功臣。

suǒ xián jí lài bù shuǎ lài
索咸籍赖不耍赖
zhuó lìn tú méng cāi yì cāi
卓蔺屠蒙猜一猜

suǒ xián jí lài bù shuǎ lài
索咸籍赖不耍赖,
zhuó lìn tú méng cāi yì cāi
卓蔺屠蒙猜一猜。
méng zhe yǎn jing cāi de miào
蒙着眼睛猜得妙,
xiǎo zhū fēi shàng liǔ shù shāo
小猪飞上柳树梢;
liǔ shù dōng tiān jiē xiān táo
柳树冬天结仙桃,
xiān táo jù kāi zuò shuǐ piáo
仙桃锯开做水瓢;
shuǐ piáo shuǐ piáo kōng zhōng piāo
水瓢水瓢空中飘,
piāo dào nán shān zhuō lǎo yāo
飘到南山捉老妖;
lǎo yāo jiàn le xià yí tiào
老妖见了吓一跳,
máng qǐng shuǐ piáo chī dà zǎo
忙请水瓢吃大枣;
dà zǎo dà zǎo tài zāo gāo
大枣大枣太糟糕,
kǔ de shuǐ piáo zhí kuā lǎo yāo hǎo a hǎo
苦得水瓢直夸老妖好啊好!

词语火车开起来

耍赖→爱耍赖　狗熊爱耍赖　耍赖的狗熊讨人嫌
糟糕→真糟糕　太糟糕　糟糕的日子终于过去了

姓氏成语串起来

索→不假思索 | 咸→不咸不淡 | 卓→卓有成效
屠→屠龙之技 | 蒙→蒙在鼓里

名人故事讲起来

索：索靖是西晋著名书法家。

咸：咸丘蒙是战国时期的学者。

籍：籍谈是晋国人，春秋时期晋国大夫。

赖：赖镜是明代画家，诗、书、画俱精，时称"三绝"。

卓：卓文君是西汉文学家。

蔺：蔺相如是战国时期著名的政治家、外交家。

屠：屠呦呦是我国第一位获得诺贝尔医学奖的科学家。

蒙：蒙毅是秦朝上卿，为秦始皇统一六国立下汗马功劳。

chí qiáo yīn yù qí xīn gàn　xū nài cāng shuāng shuāng fēi yàn
池乔阴郁齐心干 胥能苍 双 双飞燕

chí qiáo yīn yù qí xīn gàn
池乔阴郁齐心干,

xū nài cāng shuāng shuāng fēi yàn
胥能苍双 双飞燕。

yàn zi lái le chūn guāng hǎo
燕子来了春光好,

chūn tiān chā yāng zhòng shuǐ dào
春天插秧种水稻。

shuǐ dào nián nián dà fēng shōu
水稻年年大丰收,

yī shí zhù xíng dōu bù chóu
衣食住行都不愁。

bù chóu jiù shì hǎo shēng huó
不愁就是好生活,

lǚ yóu qù le xīn jiā pō
旅游去了新加坡。

xīn jiā pō de guó mín sù zhì gāo
新加坡的国民素质高,

chōu yān de yān mín fēi cháng shǎo
抽烟的烟民非常少。

gè bié guān yuán yě tān wū
个别官员也贪污,

lǎo hǔ lūn qǐ pí biān chōu de tā wū wū kū
老虎抡起皮鞭 抽得他呜呜哭……

词语火车开起来

水稻→种水稻　收水稻　水稻大丰收
抽烟→禁止抽烟　抽烟有害健康

姓氏成语串起来

池→城门失火，殃及池鱼｜乔→乔迁之喜
阴→光阴似箭｜郁→郁郁葱葱
苍→苍松翠柏｜双→天下无双

名人故事讲起来

池：池裕得是明朝嘉靖（jiā jìng）年间进士。

乔：歌曲《让我们荡起双桨》是乔羽先生作词。

阴：阴丽华在历史上以美貌著称，是东汉光武帝刘秀的
　　妻子。

郁：郁文博是明代校勘家、藏书家。

胥：胥臣是春秋时期晋国著名的大夫、胥氏鼻祖之一。

能：能自宣是宋朝著名医学家，医术高超。

苍：苍颉（jié）又称"仓颉"，是汉字发明家。

双：双士洛是三国时期魏国名吏。

wén shēn dǎng zhái kěn huā qián
闻莘党翟肯花钱
tán gòng láo páng mǎi hǎo miàn
谭贡劳逢买好面

wén shēn dǎng zhái kěn huā qián
闻莘党翟肯花钱，
tán gòng láo páng mǎi hǎo miàn
谭贡劳逢买好面。

hǎo miàn dài kè hěn tǐ miàn
好面待客很体面，

wèn wen xiǎo zhū chī shá fàn
问问小猪吃啥饭？

gǎn miàn tiáo   dǎ jī dàn
擀面条，打鸡蛋，

xiǎo zhū yí dùn chī bā wǎn
小猪一顿吃八碗。

bā wǎn miàn tiáo bā gè dàn
八碗面条八个蛋，

néng chī ér qiě néng duàn liàn
能吃而且能锻炼。

duàn liàn shēn tǐ děng yú zhèng dà qián
锻炼身体等于挣大钱，

xiǎo zhū měi tiān dōu qù gōng yuán dǎ zhū quán
小猪每天都去公园打猪拳……

 词语火车开起来

锻炼→锻炼身体　锻炼身体好处多
公园→去公园　逛公园　公园里的花儿在开放

 姓氏成语串起来

闻→喜闻乐见｜莘→莘莘学子
谭→天方夜谭｜劳→劳逸（yì）结合

 名人故事讲起来

闻：闻一多是现代著名诗人、学者、爱国人士。

莘：清朝人莘开，擅长书画篆刻。

党：党进是北宋初年军事将领。

翟：翟志刚是当代航天英雄，中国太空漫步第一人。

谭：谭嗣同是中国近代著名政治家、思想家。

贡：贡师泰是元代文学家。

劳：劳夷（yí）是唐代贤士。

逢：逢滑是春秋时期晋国大夫。

jī shēn fú dǔ zuò huā xié
姬申扶堵做花鞋

rǎn zǎi lì yōng jià hú dié
冉宰郦雍嫁蝴蝶

jī shēn fú dǔ zuò huā xié
姬申扶堵做花鞋，

rǎn zǎi lì yōng jià hú dié
冉宰郦雍嫁蝴蝶。

hú dié chū jià hěn rè nao
蝴蝶出嫁很热闹，

gé bì lín jū dōu lái qiáo
隔壁邻居都来瞧。

shéi zài tái huā jiào   sì zhī xiǎo huā māo
谁在抬花轿？四只小花猫。

shéi zài chuī lǎ ba   bā zhī dà há ma
谁在吹喇叭？八只大蛤蟆。

qǐng lái duō shao kè   kè rén jiù sān gè
请来多少客？客人就三个。

tā men dōu shì shéi
他们都是谁？

mà zha   tǔ biē hái yǒu lǎo wū guī
蚂蚱、土鳖还有老乌龟。

074

词语火车开起来

邻居→好邻居　我家的邻居是李大伯

花轿→上花轿　坐花轿　四只小猫抬花轿

姓氏成语串起来

姬→霸（bà）王别姬 | 申→三令五申 | 扶→救死扶伤

冉→冉冉升起 | 宰→宰相肚里能撑船 | 雍→雍容华贵

名人故事讲起来

姬：姬发是中国周朝第一代王，史称周武王。

申：申犀（xī）是春秋时期楚国著名将领。

扶：扶克俭是明朝万历年间进士。

堵：堵霞是清代女诗人、书画家，能诗善画。

冉：冉求是孔子的弟子。

宰：宰予是孔子的得意门生。

郦：郦光祖是明代学者。

雍：雍献是宋代的画家，擅长画山水。

xì qú sāng guì guì huā xiāng　　pú niú shòu tōng tōng sì fāng
郐璩桑桂桂花香　濮牛寿通通四方

xì qú sāng guì guì huā xiāng
郐璩桑桂桂花香，

pú niú shòu tōng tōng sì fāng
濮牛寿通通四方。

sì fāng péng you lái xiāng huì
四方朋友来相会，

qí xīn bō zhòng xiàng rì kuí
齐心播种向日葵。

xiàng rì kuí　jīn càn càn
向日葵，金灿灿，

zhāo lái mì fēng fēi mǎn tiān
招来蜜蜂飞满天。

mì fēng máng　máng cǎi mì
蜜蜂忙，忙采蜜，

liú xià hàn shuǐ yì dī dī
流下汗水一滴滴。

yì dī dī　bú jiào kǔ
一滴滴，不叫苦，

kǔ jìn gān lái cái xìng fú
苦尽甘来才幸福。

xìng fú de mì fēng zài gē chàng
幸福的蜜蜂在歌唱，

gē chàng tài yáng gē chàng bā yuè guì huā xiāng
歌唱太阳歌唱八月桂花香……

 词语火车开起来

向日葵→播种向日葵　金灿灿的向日葵　向日葵跟着太阳转
蜜蜂→蜜蜂忙　蜜蜂采蜜　勤劳的蜜蜂在采蜜

 姓氏成语串起来

桑→沧海桑田｜桂→桂子飘香｜牛→犀（xī）牛望月
寿→寿比南山｜通→四通八达

 名人故事讲起来

郤：郤縠（gòu）是春秋时期晋国著名的将领。

璩：璩清林是现代著名声乐教育家。

桑：桑馥（fù）是三国时期魏国音乐家。

桂：桂文灿是道光年间举人。

濮：濮澄（chéng）是明末清初金陵派竹刻创始人。

牛：牛皋（gāo）是南宋抗金名将。

寿：寿镜吾先生是鲁迅的老师。

通：通证是清代诗画家。

biān hù yān jì yǎng mǔ jī
边扈燕冀养母鸡
jiá pǔ shàng nóng zhòng yù mǐ
郏浦尚农种玉米

biān hù yān jì yǎng mǔ jī
边扈燕冀养母鸡，
jiá pǔ shàng nóng zhòng yù mǐ
郏浦尚农种玉米。
yù mǐ chī le yǒu yíng yǎng
玉米吃了有营养，
mǔ jī chī bǎo le xià dàn máng
母鸡吃饱了下蛋忙。

xià le yì lán yòu yì lán
下了一篮又一篮，
yì lán yì lán xià bù wán
一篮一篮下不完。
yì lán sòng gěi le wáng dà niáng
一篮送给了王大娘，
yì lán mài gěi le lǐ èr láng
一篮卖给了李二郎。
mài le jī dàn qián jiù duō
卖了鸡蛋钱就多，
qín láo zhì fù nóng jiā lè
勤劳致富农家乐。

词语火车开起来

母鸡→老母鸡　母鸡下鸡蛋　母鸡孵小鸡
玉米→种玉米　吃玉米　玉米有营养

姓氏成语串起来

边→无边无际｜燕→莺歌燕舞
尚→礼尚往来｜农→不违农时

名人故事讲起来

边：边鸾（luán）是唐代画家。
扈：扈云是著名西汉车骑将军。
燕：燕文贵是北宋画家。
冀：冀俊是北周骠骑大将军。
郏：郏伦逵（kuí）是清代著名画家。
浦：浦仁裕是三国时期魏国著名学者。
尚：尚和玉是著名京剧表演艺术家，尚派武生创始人。
农：农官新是当代书画艺术家。

wēn bié zhuāng yàn tú bù zǒu
温别庄晏徒步走
chái qú yán chōng qù lǚ yóu
柴瞿阎充去旅游

wēn bié zhuāng yàn tú bù zǒu
温别庄晏徒步走，
chái qú yán chōng qù lǚ yóu
柴瞿阎充去旅游。
lǚ yóu dào le wáng jiā ào
旅游到了王家坳，
wèn wen ān chún zěn me jiào
问问鹌鹑怎么叫。
jī jī jī zhā zhā zhā
叽叽叽，喳喳喳，
hēi xióng yì jiā zhòng xiāng guā
黑熊一家种香瓜。
xiāng guā tián xiāng guā cuì
香瓜甜，香瓜脆，
fēng shōu de rì zi xīn lǐ měi
丰收的日子心里美。
xīn lǐ měi zuì zhòng yào
心里美，最重要，
gāo zhěn wú yōu shuì dà jiào
高枕无忧睡大觉！

 词语火车开起来

旅游→去旅游　徒步旅游　旅游来到了峨眉山
香瓜→种香瓜　吃香瓜　香瓜香又甜

姓氏成语串起来

温→温文尔雅｜别→士别三日｜庄→庄周梦蝶
晏→海晏河清｜柴→柴米油盐｜充→画饼充饥

名人故事讲起来

温：温日观是宋末元初画家。

别：别之杰是宋朝兵部尚书。

庄：庄周（庄子）是道家学派主要代表人物之一。

晏：晏婴是春秋时期著名政治家、思想家、外交家。

柴：柴虎是明朝开国功臣。

瞿：瞿中溶是清代篆刻家。

阎：阎立本是唐代最著名的画家之一。

充：充虞（yú）是战国时期人，跟随孟子学习。

mù lián rú xí xí guàn hǎo　　huàn ài yú róng róng mào qiào

慕连茹习习惯好　　宦艾鱼容容貌俏

mù lián rú xí xí guàn hǎo
慕连茹习习惯好，

huàn ài yú róng róng mào qiào
宦艾鱼容容貌俏。

róng mào qiào lì yě bù jiāo ào
容貌俏丽也不骄傲，

jiāo jiao tiān tiān qǐ de zǎo
娇娇天天起得早。

tiān tiān zǎo qǐ qù xué xiào
天天早起去学校，

dú shū xiě zì zuò jiān cāo
读书写字做间操。

tóng xué hái yǒu xiǎo tù hé xiǎo māo
同学还有小兔和小猫，

dōu kuā jiāo jiao shì gè hǎo bǎo bao
都夸娇娇是个好宝宝。

tā men de lǎo shī shì xiǎo niǎo
他们的老师是小鸟，

xiǎo niǎo yīn yuè jiāo de hǎo
小鸟音乐教得好，

yǔ wén jiāo de yě bú cuò
语文教得也不错，

jiù shì suàn shù jiāo de tǐng zāo gāo
就是算术教得挺糟糕。

词语火车开起来

学校→新学校　去学校　学校里的同学很友好
老师→年轻的老师　老师教得好　老师教书育人

姓氏成语串起来

慕→慕名而来 | 连→十指连心 | 茹→含辛茹苦

习→习以为常 | 宦→达官显宦 | 艾→方兴未艾

鱼→如鱼得水 | 容→义不容辞

名人故事讲起来

慕：慕施蒙是唐朝渤海国大将军。

连：连横是台湾著名爱国诗人和史学家。

茹：茹皓是北魏文帝时期著名将军。

习：习嘉言是明朝著名大臣。

宦：宦绩是明朝著名大臣。

艾：艾青是现代文学家、诗人。

鱼：鱼玄机是唐代著名诗人。

容：容若玉是明朝地方官员，为人正直，为官清廉。

xiàng gǔ yì shèn tǐng shèn zhòng　　gē liào yǔ zhōng hěn zhēn chéng
向古易慎挺慎重　戈廖庾终很真诚

xiàng gǔ yì shèn tǐng shèn zhòng
向古易慎挺慎重，

gē liào yǔ zhōng hěn zhēn chéng
戈廖庾终很真诚。

zhēn chéng de bāng zhù nuǎn rén xīn
真诚的帮助暖人心，

rén jiān chù chù yǒu hǎo rén
人间处处有好人。

hǎo rén yì shēng dōu píng ān
好人一生都平安，

píng píng ān ān guò dà nián
平平安安过大年。

guò nián jiù děi chī jiǎo zi
过年就得吃饺子，

qǐng lái le lǎo zhū hé tù zi
请来了老猪和兔子。

tù zi liě zhe sān bàn zuǐr
兔子咧着三瓣嘴儿，

zhí kuā lín jū lǐ dà shěnr
直夸邻居李大婶儿。

lǐ dà shěnr tīng le lè yōu yōu
李大婶儿听了乐悠悠，

yòu gěi lǎo zhū dào le yì bēi jiǔ
又给老猪倒了一杯酒……

词语火车开起来

平安→平安是福　好人一生平安

饺子→包饺子　煮饺子　吃饺子　好吃不如饺子

姓氏成语串起来

向→欣欣向荣｜古→古往今来｜易→易如反掌

慎→小心谨慎｜戈→化干戈为玉帛（bó）｜终→善始善终

名人故事讲起来

向：向秀是魏晋"竹林七贤"之一。

古：古朴是明朝兵部侍郎、户部尚书。

易：易中天是我国知名作家、学者。

慎：慎知礼是宋代著名诗人。

戈：戈炳（bǐng）华是著名的石油采油工艺技术专家。

廖：廖云槎（chá）是清代画家。

庾：庾亮是东晋时期的官吏。

终：终古是夏朝的著名官员。

jì jū héng bù bù fá dà
暨居衡步步伐大
dū gěng mǎn hóng qù tǎo fá
都耿满弘去讨伐

jì jū héng bù bù fá dà
暨居衡步步伐大，

dū gěng mǎn hóng qù tǎo fá
都耿满弘去讨伐。

tǎo fá jūn de sī lìng shì qīng wā
讨伐军的司令是青蛙，

shuài lǐng mǎ yǐ gōng dǎ lài há ma
率领蚂蚁攻打癞蛤蟆。

lài há ma xià de pīn mìng táo
癞蛤蟆吓得拼命逃，

táo dào tā xiāng zhòng là jiāo
逃到他乡种辣椒。

là jiāo là zhòng kǔ guā
辣椒辣，种苦瓜，

kǔ guā kǔ zuò dòu fu
苦瓜苦，做豆腐。

zuò hǎo le dòu fu qù mài qián
做好了豆腐去卖钱，

cóng cǐ bù tōu bù qiǎng yě bú piàn
从此不偷不抢也不骗……

086

词语火车开起来

蚂蚁→小蚂蚁　黑蚂蚁　蚂蚁在搬家
辣椒→种辣椒　摘辣椒　辣椒真辣

姓氏成语串起来

居→居安思危｜衡→权衡轻重｜步→百步穿杨
耿→忠心耿耿｜满→心满意足｜弘→气势恢弘

名人故事讲起来

暨：暨慧景是南朝陈国著名大臣。

居：居仁是清代画家。

衡：衡岳是明朝著名大臣。

步：步叔乘是春秋末年齐国人，孔子弟子。

都：都清风是中国国民革命军著名的将领。

耿：耿仲明是明朝末期将领。

满：满宠是三国时期魏国太尉。

弘：弘一是我国历史上十八高僧之一。

kuāng guó wén kòu wàng xīng kōng
匡 国 文 寇 望 星 空
guǎng lù què dōng dōng fāng hóng
广 禄 阙 东 东 方 红

kuāng guó wén kòu wàng xīng kōng
匡 国 文 寇 望 星 空,
guǎng lù què dōng dōng fāng hóng
广 禄 阙 东 东 方 红。
dōng fāng hóng   tài yáng shēng
东 方 红, 太 阳 升,
xiǎo niǎo zǎo qǐ   qù zhuō chóng
小 鸟 早 起 去 捉 虫。

zǎo qǐ zhuō chóng chī de bǎo
早 起 捉 虫 吃 得 饱,
chī bǎo dù zi kào qín láo
吃 饱 肚 子 靠 勤 劳。
qín láo de rén men zài gē chàng
勤 劳 的 人 们 在 歌 唱,
xìng fú de gē shēng chuán sì fāng
幸 福 的 歌 声 传 四 方。
fāng zhang shù xià tīng chán jiào
方 丈 树 下 听 蝉 叫:
zhī liǎo zhī liǎo wǒ quán zhī liǎo
知 了 知 了 我 全 知 了……

第五单元

 词语火车开起来

勤劳→勤劳的人们　勤劳是一种美德　勤劳的人们受尊重

歌唱→歌唱春天　歌唱祖国　歌唱东方的红太阳

 姓氏成语串起来

匡→匡扶正义｜国→保家卫国｜文→文房四宝

寇→成则为王，败则为寇｜广→见多识广

禄→功名利禄｜阙→凤楼龙阙｜东→东山再起

 名人故事讲起来

匡：匡衡曾以"凿壁偷光"的苦读事迹闻名于世。

国：国侨是春秋时期郑国大夫。

文：文天祥是宋朝末期政治家、文学家，爱国诗人。曾写下千古名句："人生自古谁无死？留取丹心照汗青。"

寇：寇准是北宋政治家、诗人。

广：广汉是宋朝著名的赣（gàn）州通判。政绩显著，百姓曾立碑纪念他。

禄：禄东赞是松赞干布手下的大将。

阙：阙岚（lán）是清代著名画家。

东：东郊是明朝御史。

ōu shū wò lì qǐ de zǎo
欧殳沃利起得早
yù yuè kuí lóng pá shān bāo
蔚越夔隆爬山包

ōu shū wò lì qǐ de zǎo
欧殳沃利起得早，
yù yuè kuí lóng pá shān bāo
蔚越夔隆爬山包。
shān bāo zhǎng le sān kē hāo
山包长了三棵蒿，
lǎo xióng dān shuǐ xiǎo xióng jiāo
老熊担水小熊浇。

yì kē jiē de shì zhēn zhū
一棵结的是珍珠，
yì kē jiē de shì mǎ nǎo
一棵结的是玛瑙。
hái yǒu yì kē gèng qí miào
还有一棵更奇妙，
jiē le yí gè dà xiān táo
结了一个大仙桃。
xiān táo sòng gěi le xiǎo xióng tā lǎo lao
仙桃送给了小熊他姥姥，
xiǎo xióng de lǎo lao lè de zhí bèng gāo
小熊的姥姥乐得直蹦高……

 词语火车开起来

珍珠→大珍珠　珍珠项链　珍珠项链很漂亮
玛瑙→红玛瑙　玛瑙手链　玛瑙手链很精美

 姓氏成语串起来

沃→沃野千里 | 利→大吉大利
越→翻山越岭 | 隆→德隆望尊

 名人故事讲起来

欧：欧冶（yě）子是中国古代铸剑鼻祖，龙泉与湛卢
　　剑的铸造者。
殳：殳默是清代才女、诗人、书法家。
沃：沃田是明朝将领。
利：利元吉是宋代学者。
蔚：蔚兴是宋朝武将。
越：越其杰是明朝万历年间举人。
夔：夔安是十六国时期后赵太祖武帝石虎手下丞相。
隆：隆英是明朝御史。

091

shī gǒng shè niè yǒu lǒu yóu　　cháo gōu áo róng yǎng tiáo gǒu
师巩厍聂有篓油　晁勾敖融养条狗

shī gǒng shè niè yǒu lǒu yóu
师巩厍聂有篓油，

cháo gōu áo róng yǎng tiáo gǒu
晁勾敖融养条狗。

gǒu kěn yóu lǒu yóu lǒu zhí lòu yóu
狗啃油篓油篓直漏油，

yóu lǒu lòu yóu xià pǎo le xiǎo huā gǒu
油篓漏油吓跑了小花狗。

xiǎo huā gǒu　　pǎo a pǎo
小花狗，跑啊跑，

pǎo dào nán shān zhǎo lǎo dào
跑到南山找老道。

lǎo dào máng　　zhǎo hé shang
老道忙，找和尚，

hé shang gěi tā yí kuài táng
和尚给他一块糖。

yí kuài táng　　néng gàn shá
一块糖，能干啥？

cóng cǐ zì jǐ chuǎng tiān xià
从此自己闯天下。

chuǎng tiān xià　　bú pà kǔ
闯天下，不怕苦，

zhèng qián duō le huí jiā zài qù kàn èr gū
挣钱多了回家再去看二姑……

词语火车开起来

南山→南山坡　南山坡上蘑菇多　南山有只大老虎

和尚→小和尚　大和尚　三个和尚没水喝

姓氏成语串起来

师→为人师表｜勾→一笔勾销｜融→融会贯通

名人故事讲起来

师：师宜官是东汉书法家。

巩：巩丰是南宋著名诗人。

厍：厍钧是汉朝金城著名太守。

聂：聂耳是中华人民共和国国歌《义勇军进行曲》的曲作者。

晁：晁错是汉文帝与汉景帝时期著名的政治家。

勾：勾处士是宋代画家。

敖：敖山是明朝著名大臣、数学家。

lěng zī xīn kàn zài mèng zhōng
冷訾辛阚在梦中
nuó jiǎn ráo kōng shǔ xīng xing
那简饶空数星星

lěng zī xīn kàn zài mèng zhōng
冷訾辛阚在梦中，

nuó jiǎn ráo kōng shǔ xīng xing
那简饶空数星星。

shǔ yī shǔ èr shǔ bù qīng
数一数二数不清，

kē kē xīng xing zhào tài píng
颗颗星星照太平。

tài píng niǎo　　sòng jǐn qí
太平鸟，送锦旗，

fēi guò yín hé jiàn zhī nǚ
飞过银河见织女。

zhī nǚ hái shi zài zhī bù
织女还是在织布，

niú láng yī jiù zài gēng dì
牛郎依旧在耕地。

mó fàn fū qī qiān gǔ qí
模范夫妻千古奇，

láo dòng gǎn dòng le tiān hé dì
劳动感动了天和地！

词语火车开起来

太平→太平鸟　太平的日子　太平的生活真美好
锦旗→做锦旗　送锦旗　锦旗送给好心人

姓氏成语串起来

冷→冷嘲热讽｜辛→千辛万苦｜简→深居简出
饶→得饶人处且饶人｜空→海阔天空

名人故事讲起来

冷：冷曦是明朝洪武年间御史，刚直不阿。

訾：春秋时期晋国大夫訾祐为人正直，学识渊博。

辛：辛弃疾是南宋将领、豪放派词人。

阚：阚棱是唐朝猛将。

那：那鉴是明朝云南土官。

简：简大狮是清朝末年台湾抗日民军首领。

饶：饶鲁是南宋著名理学家。

空：空同氏是赵国著名六卿之一赵襄子的夫人，空氏鼻祖之一。

zēng wú shā niè yǒu qíng láng
曾毋沙乜有情郎

yǎng jū xū fēng qǔ xīn niáng
养鞠须丰娶新娘

zēng wú shā niè yǒu qíng láng
曾毋沙乜有情郎，

yǎng jū xū fēng qǔ xīn niáng
养鞠须丰娶新娘。

xīn niáng ài shū tóu
新娘爱梳头，

yì shū shū dào mài zi shóu
一梳梳到麦子熟。

mài zi mò chéng miàn
麦子磨成面，

zhī ma zhà chéng yóu
芝麻榨成油，

huáng guā pá mǎn jià
黄瓜爬满架，

qié zi dǎ dī liu
茄子打提溜。

dǎ dī liu de hái yǒu xiǎo máo hóu
打提溜的还有小毛猴，

zhuā zhe yě téng yōu a yōu
抓着野藤悠啊悠。

yōu a yōu a yì sā shǒu
悠啊悠啊一撒手，

yí xià jiù yōu dào le dōng shān tóu
一下就悠到了东山头……

词语火车开起来

麦子→种麦子　麦子大丰收　丰收的麦子金灿灿
芝麻→芝麻糖　芝麻糊　芝麻榨油喷喷香

姓氏成语串起来

毋→宁缺毋滥｜沙→大浪淘沙｜养→养精蓄（xù）锐
鞠→鞠躬尽瘁（cuì）｜须→巾帼不让须眉｜丰→丰功伟绩

名人故事讲起来

曾：曾国藩是中国近代政治家、战略家、文学家。

毋：毋雅是晋朝著名大臣、学者。

沙：清代大书法家沙神芝，狂草豪迈雄放，神逸无拘。

乜：乜子彬参加了著名的台儿庄战役，战场上英勇无畏。

养：养由基是春秋时楚国名将，箭术高超，百发百中。

鞠：鞠萍是中央电视台少儿节目主持人，小朋友们亲切
　　地称她为"鞠萍姐姐"。

须：须贾是战国时期魏国中大夫。

丰：丰子恺是我国现代画家、散文家。

cháo guān kuǎi xiàng dāng zǎi xiàng
巢关蒯相当宰相
zhā hòu jīng hóng qì hóng qiáng
查後荆红砌红墙

cháo guān kuǎi xiàng dāng zǎi xiàng
巢关蒯相当宰相，

zhā hòu jīng hóng qì hóng qiáng
查後荆红砌红墙。

hóng qiáng lǐ miàn zhù huáng shang
红墙里面住皇上，

hái yǒu tài jiàn yí dà bāng
还有太监一大帮。

yì bāng huáng chóng lái zhù shòu
一帮蝗虫来祝寿，

lǎo zhū xiǎo hóur bā qiáng tóur
老猪小猴儿扒墙头儿。

bā zhe qiáng tóur wǎng li qiáo
扒着墙头儿往里瞧，

tài jiàn zhèng zài bǎi shòu táo
太监正在摆寿桃。

shòu táo xiān lái shòu táo tián
寿桃鲜来寿桃甜，

huáng shang shǎng le zǎi xiàng liǎ tóng qián
皇上赏了宰相俩铜钱……

词语火车开起来

宰相→当宰相　好宰相　宰相肚里能撑船

墙头→扒墙头　墙头草，随风倒　墙头上面趴只猫

 姓氏成语串起来

巢→倾巢出动｜关→一夫当关，万夫莫开

相→相夫教子｜红→红红火火

 名人故事讲起来

巢：巢猗（yī）是隋朝时的国子助教，著名的学者。

关：关羽是东汉末年名将。

蒯：蒯希逸是唐代著名诗人。

相：相礼是明代诗画家，能诗善弈，当世无敌。

查：查士标是清代著名的书画家。

荆：荆轲（kē）是战国时期著名刺客。

红：红线是传说中的唐代侠女。

<pre>
yóu zhú quán lù xué jī jiào
游竺权逯学鸡叫
gě yì huán gōng qǐ de zǎo
盖益桓 公起得早
</pre>

<pre>
yóu zhú quán lù xué jī jiào
游竺权逯学鸡叫，
gě yì huán gōng qǐ de zǎo
盖益桓公起得早。
qǐ de zǎo   jiào xiǎo māo
起得早，叫小猫，
xiǎo māo hé biān bǎ yú diào
小猫河边把鱼钓。
bǎ yú diào   méi diào zháo
把鱼钓，没钓着，
máng qǐng lù sī jiāo jǐ zhāo
忙请鹭鸶教几招。
jiāo jǐ zhāo   bù guǎn yòng
教几招，不管用，
máng qǐng gōng jī bāng zhuō chóng
忙请公鸡帮捉虫。
bāng zhuō chóng   yǒu běn lǐng
帮捉虫，有本领，
yòu bāng xiǎo māo diào yú diào le yì shuǐ tǒng
又帮小猫钓鱼钓了一水桶……
</pre>

第六单元

词语火车开起来

河边→小河边　河边的卵石很漂亮　小猫在河边钓鱼

本领→有本领　本领大　孙悟空降妖的本领真是高

姓氏成语串起来

游→游山玩水｜权→独揽（lǎn）大权

益→开卷有益｜公→大公无私

名人故事讲起来

游：游吉是春秋时期郑国正卿。

竺：竺渊是明朝官员。

权：权德舆（yú）是唐代文学家、宰相。

逯：逯钦立是我国著名的古代文学史研究专家、中国古文献专家。

盖：盖宽饶，汉朝官吏，为人性格刚直，志在奉公。

益：益智是元朝名将，有勇有谋，胸怀大略。

桓：桓振是东晋末年名将。

公：公鼐（nài）是明代著名文学家、诗人。

mò qí   sī mǎ mǎ er pǎo   shàng guān   ōu yáng yáng guāng zhào
万俟 司马 马儿跑 上官 欧阳 阳光照

mò qí   sī mǎ   mǎ er pǎo
万俟 司马 马儿跑，

shàng guān   ōu yáng yáng guāng zhào
上官 欧阳 阳光照。

yáng guāng zhào   mǎ er pǎo
阳光照，马儿跑，

pǎo dào cǎo dì qù chī cǎo
跑到草地去吃草。

qù chī cǎo   chī de bǎo
去吃草，吃得饱，

chī bǎo le qīng cǎo zhǎo tiào zao
吃饱了青草找跳蚤。

tiào zao tiào   sān zhàng gāo
跳蚤跳，三丈高，

gāo gāo de dà shù yǒu niǎo cháo
高高的大树有鸟巢。

niǎo cháo lǐ miàn zhù xiǎo niǎo
鸟巢里面住小鸟，

xiǎo niǎo qí shàng le mǎ er hé tiào zao
小鸟骑上了马儿和跳蚤。

mǎ er pǎo   tiào zao tiào
马儿跑，跳蚤跳，

dài zhe xiǎo niǎo qù kàn xiǎo huā māo
带着小鸟去看小花猫……

102

 词语火车开起来

阳光→温暖的阳光　灿烂的阳光　阳光照在我身上

草地→过草地　绿油油的草地　草地上的野兔在吃草

 姓氏成语串起来

司马→司马昭之心，路人皆知

 名人故事讲起来

万俟：北齐大将军万俟洛军，气宇非凡，勇锐盖世，威
　　　名远扬。

司马：司马迁是西汉史学家、散文家。他创作了史学巨
　　　著《史记》。

上官：上官仪是唐代著名诗人、政治家。

欧阳：欧阳询是唐代著名书法家，楷书四大家之一。

百家姓嗨起来

xià hóu zhū gě zhū gě liàng   wén rén dōng fāng zǒu sì fāng
夏侯 诸葛 诸葛亮　　闻人 东方 走四方

xià hóu zhū gě zhū gě liàng
夏侯 诸葛 诸葛亮，

wén rén dōng fāng zǒu sì fāng
闻人 东方 走 四 方。

zǒu sì fāng   zhū gě liàng
走 四 方，诸葛亮，

zhū gě kǒng míng běn lǐng qiáng
诸葛孔 明本 领 强。

píng yīn yáng   rú fǎn zhǎng
平阴阳，如反掌，

bǎo dìng qián kūn měi míng yáng
保定 乾坤美 名 扬。

kōng chéng jì   zuì shén qí
空 城计，最 神奇，

tán qín xià pǎo le sī mǎ yì
弹琴 吓跑了司马懿。

sī mǎ yì   hěn hòu huǐ
司马懿，很后悔，

yǎng tiān cháng tàn pāi dà tuǐ
仰天 长 叹拍大腿。

pāi dà tuǐ   tài wú néng
拍大腿，太无能，

zhǐ hǎo gǎi háng mài dà cōng
只好 改行卖大葱……

104

 词语火车开起来

乾坤→朗朗乾坤　扭转乾坤

大葱→种大葱　吃大葱　大葱卷煎饼

 姓氏成语串起来

诸葛→三个臭皮匠，赛过诸葛亮

东方→东方不亮西方亮

名人故事讲起来

夏侯：夏侯婴是西汉开国功臣之一。

诸葛：刘备三顾茅庐拜访诸葛亮。

闻人：闻人通汉是西汉学者。

东方：东方朔（shuò）是西汉著名文学家。

hè lián huáng fǔ miē miē jiào
赫连皇甫咩咩叫
yù chí gōng yáng mǎn shān pǎo
尉迟公羊满山跑

hè lián huáng fǔ miē miē jiào
赫连 皇甫 咩咩叫，

yù chí gōng yáng mǎn shān pǎo
尉迟 公羊 满山跑。

gōng yáng pǎo a pǎo a pǎo
公羊跑啊跑啊跑，

yù jiàn le mǔ yáng zài chī cǎo
遇见了母羊在吃草。

chī bǎo le qù zhǎo xiǎo huā māo
吃饱了去找小花猫，

xiǎo māo zhèng zài liàn tiào gāo
小猫正在练跳高。

gāo gāo de shù shang yǒu zhī niǎo
高高的树上有只鸟，

niǎo er chàng a chàng de miào
鸟儿唱啊唱得妙。

gōng yáng mǔ yáng hé xiǎo māo
公羊母羊和小猫，

suí zhe gē shēng bǎ wǔ tiào a bǎ wǔ tiào
随着歌声把舞跳啊把舞跳！

跳高→练跳高　蚂蚱在跳高
　　　　跳高是一项体育运动
歌声→美妙的歌声　歌声悠扬
　　　　百灵鸟的歌声传四方

 名人故事讲起来

赫连：赫连勃勃是十六国时期胡夏的创建者。
皇甫：皇甫冉是唐朝天宝年间状元。
尉迟：尉迟恭是唐朝初期大将。
公羊：公羊高是战国时期的著名学者。

tán tái gōng yě dōu tǐng hǎo
澹台公冶都挺好

zōng zhèng pú yáng yě bù nāo
宗正濮阳也不孬

tán tái gōng yě dōu tǐng hǎo
澹台 公冶都挺好，

zōng zhèng pú yáng yě bù nāo
宗正 濮阳也不孬。

dōu tǐng hǎo yě bù nāo
都挺好，也不孬，

bù nāo de yì si jiù shì hǎo
不孬的意思就是好。

hǎo a hǎo xiǎo xiǎo niǎo
好啊好，小小鸟，

xiǎo xiǎo de niǎo er qǐ de zǎo
小小的鸟儿起得早。

qǐ de zǎo jiù bù nāo
起得早，就不孬，

chí zǎo dōu huì fēi de gāo
迟早都会飞得高。

fēi de gāo kào qín láo
飞得高，靠勤劳，

fēi ya fēi ya bàn zhe cǎi yún bǎ wǔ tiào
飞呀飞呀伴着彩云把舞跳……

 词语火车开起来

迟早→老师迟早会来的　生活迟早会好起来的
彩云→彩云飘　彩云追月　天上的彩云美如画

名人故事讲起来

澹台：澹台灭明是孔子七十二贤弟子之一。
公冶：公冶长是孔子七十二贤弟子之一。
宗正：宗正珍孙是北魏孝文帝时期的光禄大夫。
濮阳：濮阳兴是三国时期吴国的文官。

chún yú chán yú yú shì hū
淳于单于于是乎
tài shū shēn tú shā féi zhū
太叔申屠杀肥猪

chún yú chán yú yú shì hū
淳于单于于是乎，
tài shū shēn tú shā féi zhū
太叔申屠杀肥猪。
féi zhū xià de pīn mìng táo
肥猪吓得拼命逃，
táo jìn le shān li zhǎo lǎo māo
逃进了山里找老猫。

lǎo māo bú zài jiā　　qù zhǎo dà há ma
老猫不在家，去找大蛤蟆；
há ma bù gāo xìng　　qù zhǎo lǎo gǒu xióng
蛤蟆不高兴，去找老狗熊；
gǒu xióng fā pí qi　　qù zhǎo lǎo hú li
狗熊发脾气，去找老狐狸；
lǎo hú li　　zhǔ yi duō
老狐狸，主意多，
féi zhū gěi le tā liǎng gè xiāng bō bo
肥猪给了他两个香饽饽……

110

 词语火车开起来

主意→好主意　主意多　老狐狸的主意真是多

饽饽→香饽饽　吃饽饽　饽饽吃多了撑得慌

名人故事讲起来

淳于：淳于越是战国时期齐国博士。

单于：呼韩邪（yé）单于是第一个到中原来朝见的匈奴
　　　单于，因迎娶王昭君而广为人知。

太叔：太叔仪是春秋时期卫国官员。

申屠：申屠嘉是汉朝都尉。

gōng sūn zhòng sūn zǐ sūn duō
公孙 仲孙 子孙多
xuān yuán líng hú lè hē hē
轩辕 令狐 乐呵呵

gōng sūn zhòng sūn zǐ sūn duō
公孙 仲孙 子孙多，

xuān yuán líng hú lè hē hē
轩 辕 令 狐 乐 呵 呵。

lè hē hē   pá shān tóu
乐 呵 呵，爬 山 头，

shān tóu yǒu gè xiǎo máo hóu
山 头 有 个 小 毛 猴。

xiǎo máo hóu   dǎ hóu quán
小 毛 猴，打 猴 拳，

xià shān jìn chéng dāng bǎo ān
下 山 进 城 当 保 安。

dāng bǎo ān   zhèng diǎn qián
当 保 安，挣 点 钱，

xiào jìng lǎo niáng cái xīn ān
孝 敬 老 娘 才 心 安。

xīn ān bù dé nǎo xuè shuān
心 安 不 得 脑 血 栓，

jiàn jiàn kāng kāng guò le yì nián yòu yì nián
健 健 康 康 过 了 一 年 又 一 年！

 词语火车开起来

保安→当保安　保安的工作很辛苦

健康→健康的身体　健康的心理　健康的生活方式

名人故事讲起来

公孙：公孙鞅（yāng）（商鞅）通过变法使秦国成为富
　　　裕强大的国家，史称"商鞅变法"。

仲孙：仲孙蔑是春秋时期鲁国大夫。

轩辕：轩辕集是唐代道士。

令狐：令狐楚是唐代文学家、政治家、诗人。

zhōng lí　yǔ wén　wén zhāng xīn
钟离宇文文章新
zhǎng sūn　mù róng　róng mào jùn
长孙慕容容貌俊

zhōng lí　yǔ wén　wén zhāng xīn
钟离宇文文章新，
zhǎng sūn　mù róng　róng mào jùn
长孙慕容容貌俊。
jùn qiào de róng mào rén rén kuā
俊俏的容貌人人夸，
mì fēng hú dié lái xiàn huā
蜜蜂蝴蝶来献花。

huā er měi　　huā er xiāng
花儿美，花儿香，
hú dié tiào wǔ mì fēng chàng
蝴蝶跳舞蜜蜂唱。
mì fēng chàng　　hú dié wǔ
蜜蜂唱，蝴蝶舞，
huā yuán li de shēng huó hěn xìng fú
花园里的生活很幸福。
xìng fú de hái yǒu hóng qīng tíng
幸福的还有红蜻蜓，
biān fēi biān kuā xīn qín de lǎo yuán dīng
边飞边夸辛勤的老园丁……

114

词语火车开起来

文章→写文章　好文章　文章登在报纸上
容貌→端庄的容貌　俊俏的容貌
　　　猫咪的容貌真可爱

 ## 名人故事讲起来

钟离：唐朝道士钟离权就是民间传说中的八仙之一汉
　　　钟离。
宇文：宇文显和是北朝西魏将领。
长孙：长孙无忌是唐朝初期宰相。
慕容：慕容三藏是隋朝著名大臣。

xiān yú　lú qiū　hěn néng gàn
鲜于 闾丘 很能干
sī tú　sī kōng　bù kōng tán
司徒 司空 不空谈

xiān yú　lú qiū　hěn néng gàn
鲜于 闾丘 很能干，

sī tú　sī kōng bù kōng tán
司徒 司空 不空谈。

kōng tán zhǐ néng qù shòu qióng
空谈只能去受穷，

qín láo zhì fù de shì lǎo xióng
勤劳致富的是老熊。

lǎo xióng yì jiā zhòng zhuāng jia
老熊一家种庄稼，

liè rì yán yán hàn shuǐ sǎ
烈日炎炎汗水洒。

jīn nián yòu shì dà fēng shōu
今年又是大丰收，

xiǎo xióng lè de zhí pāi shǒu
小熊乐得直拍手。

pāi shǒu chàng zhe huān lè de gē
拍手唱着欢乐的歌，

shí gàn dìng yǒu hǎo shēng huó
实干定有好生活……

116

 词语火车开起来

庄稼→种庄稼　庄稼长得好　今年的庄稼大丰收
生活→好生活　热爱生活　享受美好的生活

名人故事讲起来

鲜于：鲜于向是鲜于氏始祖。

闾丘：闾丘冲是西晋著名诗人。

司徒：司徒卯是春秋时期陈国大夫。

司空：司空宗韩是宋朝著名大臣。

qí guān sī kòu yǎng mì fēng
亓官司寇养蜜蜂
zhǎng dū zǐ jū ài qīng tíng
仉督子车爱蜻蜓

qí guān sī kòu yǎng mì fēng
亓官司寇养蜜蜂，

zhǎng dū zǐ jū ài qīng tíng
仉督子车爱蜻蜓。

qīng tíng qīng tíng qīng yòu qīng
蜻蜓蜻蜓青又青，

fēi lái fēi qù bǔ wén yíng
飞来飞去捕蚊蝇。

bǔ yíng yù jiàn le xiǎo mì fēng
捕蝇遇见了小蜜蜂，

mì fēng cǎi mì huā cóng zhōng
蜜蜂采蜜花丛中。

cǎi mì cǎi le yì tǒng yòu yì tǒng
采蜜采了一桶又一桶，

láo dòng de gē shēng fēn fāng yòu dòng tīng
劳动的歌声芬芳又动听。

dòng tīng de gē shēng gǎn dòng le yì bāng xiǎo lǎn chóng
动听的歌声感动了一帮小懒虫，

lǎn chóng liú zhe rè lèi gāo hǎn láo dòng zuì guāng róng
懒虫流着热泪高喊劳动最光荣！

118

 词语火车开起来

蜻蜓→红蜻蜓　绿蜻蜓　蜻蜓正在捕苍蝇
芬芳→花儿芬芳　芬芳的玫瑰花　芬芳的花朵在开放

名人故事讲起来

亓官：亓官氏是孔子的妻子。

司寇：司寇惠子是春秋时期鲁国有名的大夫。

仉：孟子的母亲仉氏为了让孟子得到好的学习环境，曾迁居了三次，有句成语就叫"孟母三迁"。

督：督瓒（zàn）是汉朝著名五原太守。

子车：奄息是春秋时期秦国子车氏三良之一。

zhuān sūn duān mù jiē shang zǒu
颛孙端木街上走
wū mǎ gōng xī yù jiàn gǒu
巫马公西遇见狗

zhuān sūn duān mù jiē shang zǒu
颛孙端木街上走，
wū mǎ gōng xī yù jiàn gǒu
巫马公西遇见狗。
gǒu qù zhǎo lǎo māo
狗去找老猫，
lǎo māo bǎ yú diào
老猫把鱼钓。
yú er shuǐ zhōng yóu
鱼儿水中游，
jiù shì bù yǎo gōu
就是不咬钩。

lǎo māo qì gòu qiàng   qián qù wèn táng láng
老猫气够呛，前去问螳螂。
táng láng zài bǔ chán   huáng què zài hòu miàn
螳螂在捕蝉，黄雀在后面。
hòu miàn de gù shi hái hěn duō
后面的故事还很多，
gù shi de jié jú yóu nǐ shuō
故事的结局由你说……

 词语火车开起来

螳螂→绿螳螂　螳螂是捕杀害虫的能手

故事→古老的故事　有趣的故事
　　　外婆喜欢讲故事

名人故事讲起来

颛孙：颛孙师是孔子最年轻的学生。

端木：端木赐，字子贡，是孔子的弟子。孔子十分欣赏他。

巫马：巫马施是孔子的得意门生。

公西：公西赤是孔子弟子。

漆雕 乐正 聊节气 壤驷 公良 夸蚂蚁

qī diāo yuè zhèng liáo jié qì rǎng sì gōng liáng kuā mǎ yǐ

qī diāo　yuè zhèng　liáo　jié　qì
漆雕 乐正 聊 节 气 ，

rǎng sì　gōng liáng　kuā mǎ　yǐ
壤驷 公 良 夸 蚂 蚁 。

mǎ　yǐ　máng yòu máng
蚂 蚁 忙 又 忙 ，

zhī　bù　yòu yùn liáng
织 布 又 运 粮 。

liáng　shi　duī mǎn cāng
粮 食 堆 满 仓 ，

zhī　bù　zuò　yī shang
织 布 做 衣 裳 。

mà zha tiān　tiān qù xián guàng
蚂 蚱 天 天 去 闲 逛 ，

cháo xiào mǎ　yǐ zài xiā máng
嘲 笑 蚂 蚁 在 瞎 忙 。

yì cháng　qiū yǔ　yì cháng liáng
一 场 秋 雨 一 场 凉 ，

yì cháng　bái lù　yì cháng shuāng
一 场 白 露 一 场 霜 。

yán shuāng piān ài dǎ lǎn chóng
严 霜 偏 爱 打 懒 虫 ，

mà zha dòng sǐ zài cǎo dì shang
蚂 蚱 冻 死 在 草 地 上 。

第七单元

 词语火车开起来

节气→二十四节气　节气变化有规律
粮食→爱惜粮食　粮食堆满仓　粮食大丰收

名人故事讲起来

漆雕：漆雕开是孔子的弟子，也称"先贤漆雕子"。

乐正：乐正子春是曾子的弟子。

壤驷：壤驷赤是孔子的弟子，为七十二贤人之一。

公良：公良孺是孔子的得意门生，在孔子周游列国时救过孔子的性命。

拓跋 夹谷 大丰收　宰父 穀梁 建高楼

拓跋 夹谷大丰收，
宰父 穀梁建高楼。
高楼万丈平地起，
建楼的能手是蚂蚁。
蚂蚁蚂蚁了不起，
起早贪黑卖力气。

日复一日不白干，
老板月月都发钱。
发钱蚂蚁好喜欢，
夸奖老板不浑蛋。
浑蛋的老板也不少，
天网恢恢一个也跑不了！

124

词语火车开起来

力气→力气足　卖力气　大力士的力气真是大
老板→坏老板　好老板　老李是个好老板

 ## 名人故事讲起来

拓跋：拓跋嗣（sì）是北魏明元帝。
夹谷：夹谷守中是金朝的著名忠臣。
宰父：宰父黑是孔子的弟子。
穀梁：穀梁赤是战国经学家。

jìn chǔ yán fǎ zǐ xì qiáo
晋楚闫法仔细瞧
rǔ yān tú qīn kàn rè nao
汝鄢涂钦看热闹

jìn chǔ yán fǎ zǐ xì qiáo
晋楚闫法仔细瞧，

rǔ yān tú qīn kàn rè nao
汝鄢涂钦看热闹。

kàn jiàn liǎng zhī lǎo shǔ zài shuāi jiāo
看见两只老鼠在摔跤，

xiǎo lǎo shǔ lǒu zhù le dà lǎo shǔ de yāo
小老鼠搂住了大老鼠的腰。

zhǐ tīng miāo de yì shēng jiào
只听喵的一声叫，

qiáng jiǎo cuān chū yì zhī dà huā māo
墙角蹿出一只大花猫。

dà lǎo shǔ gǎn dào fēi cháng fēi cháng zhī bú miào
大老鼠感到非常非常之不妙，

xiǎo lǎo shǔ yí gè fēi jiǎo tī dǎo le dà huā māo
小老鼠一个飞脚踢倒了大花猫。

dà huā māo diū le pí xié shǎn le yāo
大花猫丢了皮鞋闪了腰，

huāng li huāng zhāng yì qué yì guǎi de wǎng jiā pǎo
慌里慌张一瘸一拐地往家跑……

词语火车开起来

仔细→工作仔细　观察要仔细　检查作业要仔细

摔跤→摔跤手　摔跤比赛　两只狗熊练摔跤

姓氏成语串起来

晋→楚才晋用｜楚→楚河汉界

法→法力无边｜涂→肝脑涂地｜钦→钦差大臣

名人故事讲起来

晋：晋国柱是明朝学者。

楚：楚衍（yǎn）是宋代天文学家。

闫：闫亨是唐代画师，画有《文昌帝君像》。

法：法若真是清朝前期的书画家。

汝：汝讷（nè）是明朝著名官吏、书法家。

鄢：鄢百其是现代著名计算机信息系统专家。

涂：涂启先是清末维新派。

钦：钦德载是宋末元初名人。

duàn gān bǎi lǐ měi míng yáng
段干百里美名扬
dōng guō nán mén tōng sì fāng
东郭南门通四方

duàn gān bǎi lǐ měi míng yáng
段干百里美名扬，
dōng guō nán mén tōng sì fāng
东郭南门通四方。
sì fāng péng you lái kāi huāng
四方朋友来开荒，
kāi huāng liú hàn zhòng gāo liang
开荒流汗种高粱。

gāo liang zhǎng chéng le shān zǎo shù
高粱长成了山枣树，
zǎo shù dōng tiān jiē mó gu
枣树冬天结蘑菇。
mó gu shàng shān dǎ lǎo hǔ
蘑菇上山打老虎，
dǎ de lǎo hǔ wū wū kū
打得老虎呜呜哭。
lǎo hǔ kū zhe qǐng shī fu
老虎哭着请师父，
tā de shī fu yuán lái shì xiǎo zhū hū lū lū
他的师父原来是小猪呼噜噜……

128

 词语火车开起来

高粱→红高粱　高粱米　爷爷爱喝高粱酒
蘑菇→采蘑菇　吃蘑菇　小鸡炖蘑菇

 姓氏成语串起来

百里→百里挑一｜东郭→东郭先生

 名人故事讲起来

段干：段干越人是战国时期秦国的著名贤士。
百里：百里奚是秦国著名的政治家、思想家。
东郭：东郭牙是春秋时期齐国大臣。
南门：南门蠕是商代开朝君主商汤的七位大臣之一，南
　　　门姓始祖。

hū yán guī hǎi bō tāo yǒng　　yáng shé wēi shēng jiāo lóng měng
呼延 归海 波涛涌　　羊舌 微生 蛟龙猛

hū yán　guī hǎi　bō tāo yǒng
呼延 归海 波涛涌，

yáng shé wēi shēng jiāo lóng měng
羊舌 微生 蛟 龙 猛。

jiāo lóng yuè dào shā tān shang
蛟 龙 跃到沙滩 上，

dāng chǎng jiù chéng le xiǎo pá chóng
当 场 就 成了小爬虫。

xiǎo pá chóng　hěn kě lián
小爬虫，很可怜，

pá ya pá ya shàng nán shān
爬呀爬呀上 南山。

shàng nán shān　qù yào fàn
上 南山，去要饭，

lǎo hóur gěi le tā yì máo qián
老猴儿给了他一毛 钱。

yì máo qián　néng gàn shá
一毛钱，能干啥？

è zhe dù pí xiǎng huí jiā
饿着肚皮想 回家。

lù tú yuǎn　yǎo jǐn yá
路途远，咬紧牙，

huí guī dà hǎi zài yuǎn zài nán yě bú pà
回归大海再远再难也不怕！

130

 词语火车开起来

波涛→波涛滚滚　波涛汹涌　大海的波涛高万丈
沙滩→金色的沙滩　沙滩上的贝壳
　　　小朋友们在沙滩上玩耍

 姓氏成语串起来

归→百川归海｜海→海纳百川

名人故事讲起来

呼延：呼延谟（mó）是晋十六国时期前赵名臣。他大
　　　公无私，深受百姓爱戴。
归：归登是唐代兵部尚书。
海：海瑞是明朝著名的清官。
羊舌：羊舌赤是春秋时期晋国中军尉。
微生：微生高是春秋时期鲁国人，孔子弟子。

yuè shuài gōu kàng qù gǎn jí
岳 帅 缑 亢 去 赶 集
kuàng hòu yǒu qín mǎi xīn yī
况 后 有 琴 买 新 衣

yuè shuài gōu kàng qù gǎn jí
岳 帅 缑 亢 去 赶 集，
kuàng hòu yǒu qín mǎi xīn yī
况 后 有 琴 买 新 衣。
xīn yī sòng gěi xiǎo qīng wā
新 衣 送 给 小 青 蛙，
chí táng kāi mǎn bái lián huā
池 塘 开 满 白 莲 花。

huā er měi lái huā er xiāng
花 儿 美 来 花 儿 香，
wèn shēng mì fēng nǐ máng bù máng
问 声 蜜 蜂 你 忙 不 忙？
máng bù máng ma wǒ shuō bù hǎo
忙 不 忙 嘛 我 说 不 好，
fǎn zhèng shì zhěng tiān wēng wēng jiào
反 正 是 整 天 嗡 嗡 叫，
cǎi mì cǎi le yì tǒng yòu yì tǒng
采 蜜 采 了 一 桶 又 一 桶，
zhǔn bèi míng tiān mài gěi lǎo zhū hé hēi xióng
准 备 明 天 卖 给 老 猪 和 黑 熊。

第七单元

词语火车开起来

赶集→去赶集　妈妈早起去赶集

　　　　赶集买新衣　赶集买蜂蜜

池塘→小池塘　池塘里的鱼儿游得欢

　　　　池塘里的青蛙在歌唱

姓氏成语串起来

岳→三山五岳｜帅→帅气逼人｜亢→不卑不亢

况→盛况空前｜后→后来居上｜有→彬彬有礼

琴→琴棋书画

　名人故事讲起来

岳：岳飞是南宋抗金名将，中国历史上著名军事家、战
　　略家，民族英雄。

帅：帅念祖是清代画家。

缑：缑玉是南北朝时期著名的孝女。

亢：亢仓子是春秋战国时期诸子百家之一。

况：况祥麟是清代文学家、音韵学家。

后：后处，孔子七十二弟子之一，潜心传播儒学。

有：有若是孔子的得意门生，为七十二贤人之一。

琴：琴牢是春秋末期著名的琴师。

liáng qiū zuǒ qiū qù fàng zhū
梁丘左丘去放猪
dōng mén xī mén lái miè shǔ
东门西门来灭鼠

liáng qiū zuǒ qiū qù fàng zhū
梁丘左丘去放猪，
dōng mén xī mén lái miè shǔ
东门西门来灭鼠。
lù shang kàn jiàn yīng zhuā tù
路上看见鹰抓兔，
tù zi dēng yīng yīng zhí kū
兔子蹬鹰鹰直哭。
kū qì de lǎo yīng bài shī fu
哭泣的老鹰拜师傅，
gēn zhe tù zi xué gōng fu
跟着兔子学功夫。

xué hǎo le gōng fu dāng jǐng chá
学好了功夫当警察，
huài dàn jiàn le dōu hài pà
坏蛋见了都害怕。
ān níng de rì zi dǐng guā guā
安宁的日子顶呱呱，
xiǎo zhèn de jū mín zhí bǎ lǎo yīng kuā
小镇的居民直把老鹰夸！

词语火车开起来

功夫→中国功夫　练功夫
　　　李小龙的功夫真是高
坏蛋→大坏蛋　抓坏蛋
　　　坏蛋被抓吓破了胆

名人故事讲起来

梁丘：梁丘据是梁丘姓的得姓始祖。
左丘：左丘明是春秋时期鲁国人，史学家，代表作《左传》。
东门：东门襄（xiāng）仲是东门氏始祖。春秋时期鲁国大夫。
西门：西门豹是战国时期的政治家、水利家，曾立下赫赫功勋。

shāng móu shé nài shì fǎ guān　　bó shǎng nán gōng tiě zhe liǎn
商牟佘佴是法官　　伯赏南宫铁着脸

shāng móu shé nài shì fǎ guān
商牟佘佴是法官，
bó shǎng nán gōng tiě zhe liǎn
伯赏南宫铁着脸。
miàn duì yí gè tān wū fàn
面对一个贪污犯，
tān wū fàn de míng zi jiào láng sān
贪污犯的名字叫狼三。

láng sān zuò láo fáng
狼三坐牢房，
láo fáng yǒu zhāng láng
牢房有蟑螂。
nǐ yì kǒu lái wǒ yì kǒu
你一口来我一口，
yǎo de láng sān zhí fàn chóu
咬得狼三直犯愁。
zhāng láng chī bǎo le fàng xiǎng pì
蟑螂吃饱了放响屁，
bēng de láng sān dǎ pēn tì
崩得狼三打喷嚏。
láng sān zhè shí cái hòu huǐ
狼三这时才后悔：
tān wū shòu huì shí zài shì tài zāo zuì
贪污受贿实在是太遭罪！

136

 词语火车开起来

法官→公正的法官　铁面无私的法官
　　　法官依法来审判
喷嚏→打喷嚏　感冒打喷嚏
　　　老虎一个劲儿地打喷嚏

 姓氏成语串起来

商→共商国是 | 伯→伯乐相（xiàng）马 | 赏→赏心悦目

 名人故事讲起来

商：商瞿（qú），春秋末年鲁国人，孔子弟子。
牟：牟谷是宋代画家。
佘：佘钦是唐朝著名的太学博士。
佴：佴祺（qí）是明朝万历年间进士。
伯：伯乐是春秋时人，擅长相马。
赏：赏林，三国时期在吴国为官。
南宫：南宫适是春秋时期鲁国人，孔子七十二贤弟子之一。

百家姓嗨起来

mò hǎ qiáo dá shān shang xíng
墨哈谯笪山 上行
nián ài yáng tóng yù jiàn xióng
年爱阳佟遇见 熊

mò hǎ qiáo dá shān shang xíng
墨哈谯笪山 上 行，
nián ài yáng tóng yù jiàn xióng
年爱阳佟遇见 熊。
xióng wō shì gè dà shù dòng
熊窝是个大树洞，
dòng li zhù zhe dà gǒu xióng
洞里住着大狗 熊。

gǒu xióng tǒng le mǎ fēng wō
狗 熊 捅了马蜂窝，
mǎ fēng fā nù zhē gǒu xióng
马蜂发怒蜇狗 熊。
gǒu xióng tiào jìn le hé shuǐ zhōng
狗 熊 跳进了河水 中，
hé miàn de qīng tíng wèn gǒu xióng
河面的蜻蜓问狗 熊：
píng shí nǐ ào màn yòu cóng róng
平时你傲慢又从 容，
jīn tiān nǐ de bí zi zǎ zhè me zhǒng
今天你的鼻子咋这么肿？

138

 词语火车开起来

鼻子→小鼻子　大鼻子
　　　小丑的鼻子很滑稽
傲慢→傲慢的样子　傲慢的态度
　　　孔雀总是很傲慢

姓氏成语串起来

墨→笔墨纸砚 | 年→百年好合 | 爱→爱不释手
阳→阳春白雪

 名人故事讲起来

墨：墨子姓墨，名翟（dí），春秋战国时期的思想家、
　　政治家，墨家学派创始人。
哈：哈攀龙生于武术之家，乾隆二年考中武状元。
谯：谯周是三国时期蜀国名士。
笪：笪重光是清朝著名书画家。
年：年羹（gēng）尧是清朝名将。
爱：爱鲁是元朝将领。
阳：阳孝本是宋代大学者。
佟：佟世南是清代词人。

百家姓嗨起来

dì wǔ yán fú rú dōng hǎi
第五言福如东海

bǎi jiā xìng zhōng jù wèi zhōng
百家姓终剧未终

dì wǔ yán fú rú dōng hǎi
第五言福如东海，

bǎi jiā xìng zhōng jù wèi zhōng
百家姓终剧未终。

jù qíng qū zhé yòu fù zá
剧情曲折又复杂，

xiā bīng xiè jiàng chuī lǎ ba
虾兵蟹将吹喇叭。

lóng wáng tīng le xīn lǐ měi
龙王听了心里美，

dà chén qí shēng hǎn wàn suì
大臣齐声喊万岁！

hǎn shēng chuán dào le shén xiān dǎo
喊声传到了神仙岛，

dǎo shang de shén xiān zài shuì jiào
岛上的神仙在睡觉。

shuì xǐng le chū lái shài tài yáng
睡醒了出来晒太阳，

fēng qīng yún dàn huā er xiāng
风清云淡花儿香……

140

词语火车开起来

神仙➜神仙下凡　神仙的日子
　　　　猪老三一心想过神仙的日子

睡觉➜困了想睡觉　按时睡觉精神好
　　　　老猪睡觉呼噜噜

 姓氏成语串起来

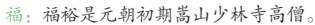

言➜言行一致｜福➜福如东海

名人故事讲起来

第五：第五元先是东汉学者。

言：言偃（yǎn）是孔子晚年的学生。

福：福裕是元朝初期嵩山少林寺高僧。

ⓒ 罗义蘋　玄老汉　2017

图书在版编目（CIP）数据

百家姓嗨起来：中华经典海读《百家姓》学本 / 罗义蘋, 玄老汉著. —
沈阳：万卷出版公司，2017.5
ISBN 978-7-5470-4421-6

Ⅰ.①百… Ⅱ.①罗… ②玄… Ⅲ.①古汉语—启蒙
读物 Ⅳ.①H194.1

中国版本图书馆CIP数据核字（2017）第052198号

出版发行：北方联合出版传媒（集团）股份有限公司
　　　　　万卷出版公司
　　　　　（地址：沈阳市和平区十一纬路 25 号　邮编：110003）
印 刷 者：辽宁星海彩色印刷有限公司
经 销 者：全国新华书店
幅面尺寸：165mm×230mm
字　　数：150 千字
印　　张：9.75
出版时间：2017 年 5 月第 1 版
印刷时间：2017 年 5 月第 1 次印刷
责任编辑：张冬梅
封面设计：徐春迎
版式设计：范　娇
责任校对：刘力胜
ISBN 978-7-5470-4421-6
定　　价：24.80 元

联系电话：024-23284667
邮购热线：024-23284050
传　　真：024-23284521
E - m a i l：vpc_tougao@163.com
腾讯微博：http://t.qq.com/wjcbgs

常年法律顾问：李福　版权所有　侵权必究　举报电话：024-23284090
如有印装质量问题，请与印刷厂联系。联系电话：024-22743334